DIPLOMACIA

Charles S.

Dedicatoria

"A mi Madre, solo la poderosa fuerza del amor

le ayuda a sobrellevar los agotadores y difíciles caminos de la

locura"

Introducción

Soy venezolano, siempre llama mi atención lugares y personajes que han cambiado el mundo. Estar en un monumento histórico como el de la Batalla de Carabobo por allá en mi país. Ver la declaración de Independencia, imaginar a cada uno de estos grandes personajes de la manera más humana posible firmándola. Imaginar a Jacinto Lara, caminando por las mismas calles, donde paso casi a diario en Barquisimeto, Venezuela. Jacinto Lara un hombre, quien formó parte junto a Simón Bolívar, de un grupo de hombres y mujeres que lucharon por la independencia de Venezuela. Buenos merecedores de honores y monumentos. Imagino a Jacinto Lara amigo de Bolívar, lo imagino cabalgando por los lados de donde se erige el monumento de la Batalla de los Horcones, por allá en Barquisimeto. Lo imagino humano, le imagino amigo. Esto me motiva a tomar la iniciativa de emprender, expresar y luchar, así como ellos lo hicieron, hacer lo que uno quiere o le gusta. Simplemente atreverse, atreverse como ellos.

Una frase que leí de un famoso personaje de la tecnología fue: "atrévanse hacer algo bueno, emprendan, sueñen y persigan sus sueños. La mayoría de personas que han hecho cosas maravillosas, que han cambiado el mundo son y fueron como nosotros".

Ciertamente así como han existido grandes personajes, cuyas buenas acciones han cambiado el mundo y existen personajes, cuyas malas también lo han hecho. En una oportunidad tuve la suerte de caminar por la plaza Trocadero en Paris, fue un momento para mi enigmático, cuando desde allí visualicé por primera vez la Torre

Eiffel, sentí un extraño magnetismo hacia esa inmensa obra de arte, atravesé la plaza buscando obtener la mejor vista hacia la torre , llegue hasta el tope de la baranda de concreto donde finaliza la plaza, detalle de los Jardines del Trocadero, el puente sobre el Sena y finalmente la Torre. Pensé ¡Cuantas personas te han admirado! ¿Cuántos personajes han estado aquí? Vino a mi mente una imagen. Una foto que en una oportunidad vi, una foto donde estaba un personaje el cual para mí fue uno de los peores hombres, que ha existido en este mundo, Adolfo Hitler.

Cuando Hitler invadió y tomo Francia, se dio un paseo por esta plaza, en ese momento fue fotografiado,allí, justamente donde yo estaba parado, vinieron a mi mente, preguntas y reflexiones. Ese hombre estuvo acá, su humanidad con toda la maldad estuvo aquí, que estaría pensando en aquel momento, recordé los millones de muertes que este causó, todo el mal que generó, todas las vidas que cambió, las consecuencias que le generó a los países que invadió, los hundió en la miseria, los humilló, los dividió. Muchos ciudadanos temerosos por sus vidas apoyaron a los Nazis, otros se le opusieron y pagaron con sus vidas. Cómo fue posible que este hombre llegara tan lejos. Este hombre llego el poder vendiendo promesas compradas, apelando al patriotismo y a la grandeza del país. Una vez escuche que este dijo, "denme un tiempo en el poder y cambiare toda la Alemania entera", quizá fue lo único que cumplió. Su mismo pueblo sufrió. Posterior a la segunda guerra mundial el pueblo Alemán quedo totalmente destruido, acabaron con sus fabricas, una economía destruida y la división que era inminente, todo originado por la megalomanía de un solo hombre, hasta donde fue capaz ese hombre de llegar para mantenerse el poder. Son de hombres como este, de los que la humanidad y los pueblos deben protegerse.

Es difícil imaginar que tanta maldad puede generar un ser humano para mantenerse en el poder o más aun, que tanta maldad pueda generar el temor de perderlo. "La masa cuando ejerce sin control la ley de la autoridad, es más cruel que sus tiranos", frases como esta quizás recorren el pensamiento de los tiranos, antes de ceder el poder, Hitler temía mucho acabar como Mussolini.

Someter un pueblo a miserias y humillaciones para poder alimentarse, vivir en un ambiente de anarquía. El temor de perder la vida en cualquier instante, no confiar en las instituciones que en un principio deberían protegerte, deterioro en sistema de salud, educación, falla en los servicios, esto me recuerda a los tiempos de guerra y post guerra, me hacen reflexionar acerca de la maldad, la maldad existe y la estamos viviendo acá en nuestros tiempos.

Capitulo 1

Paris, Junio 27 de 1975, Rué de Toulliers, estaban estos tres personajes, parqueados en un auto, marca Citroën, color negro, modelo DS, vehículo similar al que Charles De Gaulle, usaba cuando atentaron contra su vida en 1962.

Las calles angostas de la ciudad, iluminada por esa luz tenue amarillenta, originadas por las bombillas de los postes eléctricos y las entradas de los apartamentos, que solo alcanzan alumbrar un poco. Parecen pequeñas luciérnagas pegadas a un bloque de concreto elegantemente elaborado. Paris es una ciudad en la cual la distribución de las calles guarda una hermosa simetría, museos, palacios, monumentos y lugares emblemáticos.

En lo personal para mi uno de los más impresionantes por su delicada y detallada belleza y sumado a su significado, es el Arco del Triunfo, una obra hecha en los tiempos de Napoleón Bonaparte para recordar su victoria de la Batalla de Austerlizt, en su muros están escritos el apellido de algunos, quienes lo acompañaron en sus guerras y batallas. Allí está el apellido del primer venezolano universal, Miranda, Francisco de Miranda.

Allí parqueados a la espera, para ellos fue el comienzo de una amistad, la camaradería de pertenecer a un grupo selecto y su primer caso internacional en Europa. Estos tenían como dos años conociéndose pero con poco trato directo. Los tres fueron reclutados del interior del país, eran de una Ciudad ubicada al Centro Occidente de Venezuela, conocida como Barquisimeto, este nombre significa en caquetia una lengua Indígena "Ciudad con Río de agua color ceniza", esto por un río que limita la ciudad por el sur y el fondo es de un extraño y agradable color oscuro grisáceo, emulando unas cenizas. Es la cuarta ciudad del país en cuanto a población.

Entrenados por la CIA y el Mossad , estos formaban parte de la Dirección General   Sectorial de los Servicios de inteligencia y prevención, conocida como la "DISIP" En Venezuela. Una unidad creada en 1968. Eran tiempos turbulentos.   Entre sus principales objetivos eran, contrarrestar   las actividades, el nacimiento y continuidad de grupos beligerantes, Marxistas y Comunistas y/u otro cualquier grupo, que entorpeciera la muy delgada línea de continuidad democrática que había sido   pactada, entre los principales partidos políticos que hacían vida en Venezuela, conocido como el Pacto de Punto Fijo y que dio el inicio de la denominada cuarta República.

Eran Jóvenes de 20 años,   pasaban como estudiantes de francés, estaban allí para vigilar las actividades de un coterráneo que para entonces, estaba residenciado en Europa.

Tenían conocimiento que usaba nombre y nacionalidad falsa, este individuo   después de haber estado en algunos países del medio oriente y según estar afiliado a actividades con tendencias comunistas y algunos grupos subversivos, sabían que ahora andaba por estos lados (Paris) y se tenía la certeza de que pertenecía a un grupo anti-sionista, conocido como el Frente popular para la Liberación de Palestina, obviamente no se querían esas influencias ni en Venezuela, ni por esta zona.

Estos jóvenes venían de hacer trabajos por algunos países de centro y Suramérica específicamente para erradicar el comunismo y otras influencias.

Las agencias de inteligencias estaban en muchos países y compartían información, seguro habrán oído de la Escuela para las Américas. Por allí pasaron estos y otros personajes que hasta ahora y no hace mucho son activos en la fuerzas de inteligencia y de seguridad de sus países, existen algunos que hasta hacen vida política. Ciertamente cuando se dice compartir información entre agencias de inteligencia en el mundo, en resumen es: "déjenle saber lo que a nosotros nos interesa que ellos sepan".

Para estos jóvenes sería la primera y la única vez que trabajarían juntos. Solo debían observar e informar a la dirección, también debían tener contacto con otros agentes pertenecientes a otras agencia aliadas.

Eran ya entrada la noche y aguardaban dentro del vehículo que daba un vista diagonal al conjunto de apartamentos en medio de la calle, sabían que su objetivo estaba allí, en ese apartamento donde se oían levemente entremezclados murmullos, risas, choques de copas, vasos y una guitarra. De repente, pasó un vehículo muy lentamente por un costado, observaron que uno de los ocupantes señalaba el conjunto de edificios y más aun al apartamento en cuestión. Se estacionaron frente a la entrada y de allí bajaron 04 sujetos, entraron al conjunto y poco tiempo después, los murmullos, risas y la música del apartamento cesaron, parece que el tiempo se detuvo, no se escuchaba absolutamente nada y de pronto, bang..,

bang.., bang.., bang... un fuerte portazo, pisadas fuertes que chocaban estruendosamente contra los peldaños de las escaleras quizás la zancada eran de dos o más escalones, el sonido del cuerpo rebotando contra la pared y la baranda eran cada vez más cercanos y permitían imaginar la desesperación del causante por llegar al fin de las escaleras. De pronto, allí bajo el marco de la entrada del conjunto de los apartamentos, apareció jadeante, desesperado y queriendo simular que no pasaba nada, Ilich Ramírez, este observo el vehículo percatándose de la presencia de sus ocupantes, notó que también lo observaban, el choque de miradas pareció eterno, Los Jóvenes agentes se preguntaron: ¿Qué hacer? Detenerlo o dejarlo ir, seguirlo, evidentemente ya Ilich se había percatado que no era casualidad que ellos estuvieran allí. Las instrucciones de los Jóvenes agentes eran observar e informar. ¿Y si? , ¿O sí? La gran disyuntiva a la que muchas veces se llega en determinada situaciones de la vida y que se debe tomar una decisión. Que hubiese pasado si los Jóvenes hubieran detenido a Ilich en ese momento. Seguramente les hubiese cambiado la vida y no habría nacido la Leyenda de Carlos El Chacal. Este evento siempre seria recordado por Rodrigo Salas, uno de los integrantes del equipo.

Capitulo 2

Fecha Actual, ¡Ah munnnndo!... !Barquisimeto! Así como un ¡Na´guara!, son expresiones que forman parte del Barquisimetano (oriundo de Barquisimeto).

Barquisimeto refleja el color de sus Atardeceres hacia el horizonte en ciertas épocas del año, son de un particular color naranja claro y a veces intenso, cuya tonalidad denotan el carácter de la ciudad, a veces melancólico, pero generalmente demuestra la madurez de la ciudad. Es como si el horizonte fuera un gran lienzo y esa hermosa mezcla de colores fueran originadas por unas pinceladas hechas por el mismo Dios. Es por ello que se le conoce como ciudad crepuscular en Venezuela.

Freddy estaba listo para salir casual e impecablemente vestido como se dice en Venezuela, de punta en Blanco. Usaba Mocasines Prada de 1500$, pantalones y camisas Kenneth Cole, un cinturón de cuero Armani y su Reloj de turno, un Rolex el cual compro en una tienda en Suiza, ubicada a orillas de lago Zúrich, ciudad que visitaba frecuentemente. Su casa obviamente acorde con sus vestiduras, ubicada en un suburbio Montañoso al sur del lugar, traspasando el puente sobre el rio que da origen al nombre la ciudad, Una inmensa mansión echa a su medida con piscina, bar, habitaciones para invitados, gimnasio, sauna y hasta una pequeña capilla donde se caso su hijo y bautizo a sus nietos. Esta no es su única propiedad, ya que tenía propiedades a lo largo y ancho de Venezuela y en algunas de las principales ciudades del mundo. No menos suntuoso sería el vehículo de turno, una Toyota 4Runner del año blindada, en las afuera de su casa lo esperaban como de costumbre, dos ex – funcionarios montados en motos de alta cilindrada que le sirven de escoltas.

Ya había arrancado con su vehículo y se dirigía como siempre todos los jueves y desde hace bastante tiempo, a reunirse con sus viejos amigos en una panadería ubicada en el este de la ciudad. El dueño de la panadería formaba parte de este grupo. Era tal la amistad existente entre ellos, que en las paredes de la panadería se podían apreciar unas graciosas caricaturas enmarcadas de cada uno de ellos. Todos tenían sus tazas para el café de porcelana personalizadas.   El área en la que se ubicaban sus sillas y mesas era una exclusividad para ese día. Todas las personas que generalmente iban a la panadería sabían que de costumbre los jueves se reunían, nadie osaba acercarse a esas sillas o mesas. Entre ellos eran compadres, habían bautizados sus hijos entre sí, siendo testigos de uno que otro matrimonio, los cuales eran al parecer bastantes, entre los siete amigos habían al menos 12 matrimonios, solo uno de ellos era soltero. Para este grupo de amigos aparentemente no había secretos, todos se conocían, el comportamiento de alguno de ellos aunque cuestionable no se llevaba a discusión, la amistad se anteponía ante todo.

No siempre asistían a la reunión todos los amigos como de costumbre. Uno que otro faltaba pero siempre, se le ponía al tanto de la reunión anterior. Entre este grupo de amigos estaban un Portugués Joao Santos el dueño de la Panadería. Emilio Gales, un descendiente Francés propietario de una concesionario de camiones, este   era distribuidor exclusivos de una Marca Alemana. Sebastián Meléndez un habilidoso y exitoso corredor de seguros. Ricardo Méndez un ex – banquero, retirado y muy ligado a la Banca Británica, Antonio

Fuenmayor Profesor retirado y ex – Rector de la Universidad Lisandro Alvarado y el ultimo de los amigos, el cual estaba por llegar.

Freddy Sierralta, cuya personalidad iba muy acorde con su estatus y sus vestiduras. Era un tipo alto, de tez blanca y cabello castaño, sus canas ya presentes denotaban experiencia, carismático, de pisada firme, se podía sentir la confianza en sí mismo e inspiraba mucho respeto. Este era un ex – Funcionario del Gobierno. Ahora un empresario de reconocimiento. Comenzó a ganar dinero haciendo negocios con el gobierno de turno y a comienzos de la denominada Quinta República en Venezuela y hasta ahora.

Los que dirigían el poder en la denominada Quinta República, se hicieron del poder llevados de la mano de un líder de un proyecto político, que gano muchos seguidores decepcionados y que eran consecuencia de los errores políticos y de los modelos anteriores. Fue una gran mayoría, la que decidió el rumbo y en aquel entonces tomaría Venezuela.

Ya sentados todos los amigos y degustando una sabrosa taza de café, ven acercarse a la mesa al último de sus amigos, un personaje de porte alto y piel morena, pelo liso y de rasgos fuertes a pesar de su edad no se notaban mucho sus canas. Este hombre cuando quería ser carismático lo era, cuando quería inspirar temor lo hacía, su personalidad era camaleónica, catalogado como un Playboy, soltero, nunca tuvo hijos, ni relación estable. Estuvo a punto de casarse pero nunca concretó, según trabaja como asesor de seguridad de empresas nacionales y transnacionales, viaja con mucha frecuencia y casi se da el lujo de imitar a Freddy Sierralta en cuanto a los lujos. Entre los siete amigos este y Freddy Sierralta son muy unidos, son compadres y es padrino de Alexander Sierralta el único hijo de Freddy. El nombre de este personaje Rodrigo Salas. Tanto Freddy como Rodrigo formaron parte del equipo de la Noche de Paris del 27 de Junio de 1.975.

Capitulo 3

Psicosis Paranoica aguda fue lo que diagnosticaron a Jesús Pérez, una enfermedad psicológica que sus síntomas se presentan en la adolescencia o a principio de la edad adulta, como lo fue en su caso. Es difícil determinar el motivo de su enfermedad, quizás no todos tenga la misma fuerza de superación hacia los problemas, traumas o vivencias de la vida, o quizás fue a consecuencia de su don o virtud.

Algunas personas tiene la virtud de saber por medio de una rápida observación, determinar si una persona miente, como predecir su comportamiento en una situación determinada, escanear un ambiente y rápidamente saber lo que está fuera de lugar, analizar casi a la perfección una escena o escenario y determinar lo sucedido, una maquina humana de análisis en tiempo real. Esas eran unas de las virtudes o desgracias como Jesús decía que tenía. En ciertas ocasiones Jesús comentaba que a veces despreciaba tener la razón, conocer y analizar a las personas lo llevo a perder la confianza y fe hacia ellas.

Casado con una gran mujer, Cecilia Fuenmayor de Pérez de cuya unión nación Roberto Pérez Fuenmayor su único hijo. Eran solo ellos los que conformaban esta pequeña familia.

Son difíciles los caminos que hay que transitar en la vida, pero más difíciles aun se tornan cuando hay que sobrellevar la enfermedad de un familiar. Todas las enfermedades crónicas son una dura experiencia, todas sin excepción y ciertamente unos familiares las cargan y las sufren directamente más que otros, súmenle a ello, la angustia que genera la incertidumbre de poder conseguir el tratamiento médico, tal como sucede en la gran mayoría de los casos actualmente en Venezuela. Es allí donde vemos a esta mujer, Cecilia, sobrellevar la locura es un caso de locura.

Para ella más que sus virtudes, dones o desgracias como él decía, ella consideraba que uno de los traumas más grande que tenia Jesús, era el haber perdido a su madre a muy temprana edad y el no haber conocido a su padre y que este no lo hubiese reconocido. Eran muy pocos los recuerdos que tenia de su madre, de su padre solo un trozo de papel escrito a puño y letra donde le decía: "Tu padre es de nacionalidad Colombiana, de Bogotá, si cuando seas hombre quieres llevar el apellido de tu padre lo puedes llevar con orgullo, que tu padre fue un hombre honrado y trabajador". Eso era lo único que tenia de su padre. Su única hermana menor que si fue reconocida y tenía el apellido de su padre, quizás nunca entendió los motivos por lo que su padre no le dio el apellido o lo entendió a la perfección. Este simplemente concluyo que no lo quería o que no era su padre. Que hubiese sido de su vida, si su padre lo hubiera reconocido o más aun, criado. La figura paterna es fundamental en el desarrollo de la vida.

Jesús Pérez sufría delirios de persecución, quizás la extraña mezcla de la realidad objetiva, sus análisis, todo esto mezclado en su laberinto mental generaba prejuicios sobre personas cercanas, tener en mente que las personas a su alrededor lo observaban, que lo espiaban, presumir siempre que querían hacerle daño a él o a la familia eran los pensamientos que originaban su estado y su comportamiento. Sus estados de ánimo cambiaban constantemente, muchas veces agresivo y grosero a un comportamiento adulante y condescendiente, melancolía, tristeza, euforia, variaban con frecuencia. En ciertas ocasiones tenia estados de lucidez generalmente, como resultado por el cumplimiento de su tratamiento médico, este aprovechaba y desde muy tempanas horas, salía de la casa hasta muy entrada la noche. En otra oportunidades simplemente se sentaba en un rincón de la sala absorto y apartado totalmente de la realidad.

En principio esas virtudes o desgracias que tenía su capacidad de análisis, la observación objetiva, le llevaron a formar parte del gobierno. Logro pertenecer por un periodo muy corto, a un grupo elite de inteligencia.

Las agencias de inteligencia ven en ciertas personas que sus actitudes y aptitudes pueden ser favorables para sus objetivos de investigación, así como también características de comportamiento. Un mitómano carismático bien entrenado, con una Biotipo adecuado, que puede bien infiltrarse en un ambiente específico. Las agencias de inteligencia reclutan elementos de todos los ámbitos de la sociedad, estudiantes, profesores, militares, policías, empresarios, todo aquel que sirva para sus propósitos. El principal objetivo de las agencias es obtener información.

Los Estados Unidos de Norteamérica es para algunos Países del Centro, Suramérica y el Caribe. Lo que Europa es y fue para los países del Medio Oriente y Asia.   Los Estado Unidos de Norteamérica, han ejercido una gran influencia en nuestra sociedad y la cultura, el deporte, la comida, el cine, la moda, mucha es la influencia. Un particular acrónimo que genera muchas opiniones es la palabra CIA,   es lógico pensar que cuando la escuchamos, automáticamente pensamos en espionaje, información, injerencia, personajes y eventos siniestros que llaman nuestra atención. En algunos países del centro y sur América la palabra CIA, también significa compañía, asociado a los negocios y empresas. Todos los países el mundo tienen en sus estructuras de gobierno, departamentos o agencias de Inteligencia, G2 Cubano, el SEBIN en Venezuela , el MI6 en el Reino Unido y la otrora KGB Rusa. El objetivo es simplemente obtener información, los medios como obtenerlas y qué hacer con ella, eso es lo cuestionable. Nos sorprendería saber que tanto llena esa información el portafolio de un Diplomático.

Jesús Pérez, con sus 1,85 mts de alto, tez blanca, cabellera gris ya por sus canas, tenía características y rasgos europeos, cara grande y brazos largos, todavía como en su juventud, su presencia de cierta forma incomodaba algunas personas. De mirada inquieta, tenía una agudeza en su visión periférica, cuando conversaba con alguien lo miraba y prestaba atención, como todo buen oyente, directo a los ojos. En su cerebro procesaba cada minúsculo movimiento facial y expresión corporal, cambio de timbre de voz y hasta el patrón de conversación, un patrón de conversación puede decir mucho acerca de la personalidad e intención de una persona, este hasta podía percibir si alguna otra persona estaba al pendiente de la conversación.

A Jesús lo retiraron del gobierno cuando se le diagnosticó una diabetes pero más allá de eso ya los expertos en comportamiento avistaban su futura patología Psiquiátrica. Posterior a su retiro lo mantuvieron vigilado, sabia mucha información, un funcionario colega, conocido, se ofreció para estar pendiente de él y monitorearlo, vigilarlo. Este con el pasar del tiempo se convirtió en su protector, siempre informaba sobre su estado y siempre les decía lo mismo, déjenlo tranquilo ya está viejo y loco, quien le va a creer. Le procuró un trabajo como vigilante y chofer interno en una dependencia del Ministerio de Sanidad. En una oportunidad hubo una reunión de fin de año que el Director ofreció a sus trabajadores, en esa reunión Jesús se pasó de tragos y comentó que anteriormente trabajaba para una agencia de inteligencia y que había conocido a Vladimiro Montesinos y había hecho un trabajo de inteligencia, Junto a nada y nada menos que Antonio Noriega. Esa historia confirmo lo que para sus compañeros era ya más que una conjetura, estaba loco. Esa situación en la reunión llego a oídos de su protector y vigilante, fue tanto el escarmiento que este le dio y las posibles consecuencias de volver abrir la boca que jamás lo hizo. Al tiempo lo incapacitaron del Ministerio, su repentino retiro, acelero su condición, el tiempo de ocio, el no tener que trabajar, ni sentirse útil acentuó su estado de melancolía la cual lo llevó a la bebida. Solo hay que imaginarse que reacción pudo generar una mezcla de tratamientos médicos para la diabetes, la locura y la bebida. El único trabajo que ahora tenía era darle trabajo a su mujer Cecilia.

Manuel Antonio Noriega y Vladimiro Montesinos recibieron parte de su formación en la escuela para las Américas.

Capitulo 4

Ya entradas las siete de la noche en la panadería de Joao y ya cómodamente sentados, los siete amigos estaban complemente inmersos hablando sobre temas relacionados a la economía y la política del País. Para este grupo de amigos, aparte de compartir esa amistad, tenían un común denominador su éxito y estabilidad financiera. Estos sembraron bien en un pasado, donde tuvieron la oportunidad y ahora recogían su cosecha. Ellos forman parte de un porcentaje muy mínimo de la población en Venezuela, que aun están dentro de este estatus, pero para un par de estos amigos ya no eran suficientes los ingresos, no cubrían sus necesidades. Otro par de ellos, se beneficiaban de las relaciones y negocios de Freddy. Venezuela estaba sumida en una crisis económica, política y Social sin precedentes. Es curioso saber que en algunos países, el grado de bienestar y felicidad que se percibe de sus ciudadanos es tomado en cuenta y forma parte como indicador económico. Es inimaginable el resultado de ese indicador en Venezuela ahora en estos tiempos.

Freddy levanto ligeramente la mirada y llego a divisar por entre los mostradores y la pared de vidrio de la panadería que a no menos de 10 o 12 metros de la entrada principal del estacionamiento de la panadería, entraba caminando y se dirigía hacia esta, Jesús Pérez, su protegido, fue Freddy el funcionario que se había responsabilizado por él después de salir del gobierno. Solo por un segundo se logró romper la compostura que siempre este hombre guardaba acorde a su personalidad y esta fue solamente percibida por Rodrigo Salas. Sus miradas se cruzaron, Rodrigo también logró divisar a Jesús, era lo único que podía quebrar la aptitud casi perfecta de estos individuos. Ciertamente los cinco amigos ya conocían a Jesús, cuando este estaba en la etapa inicial de su enfermedad frecuentaba la panadería, trabajaba cerca, en ciertas oportunidades se sentaba a conversar con ellos, pero su franca personalidad nunca fue de muy agrado para el grupo. Este nunca se hizo merecedor de su taza de porcelana. A Freddy y a Rodrigo le preocupaba cualquier comentario fuera de lugar que hiciera Jesús como anteriormente lo había hecho,   quizás inicialmente los amigos lo tomarían como un decir y en resumen concluirían como siempre,   es un loco. Pero también es cierto que de algún   modo todos también tenemos esa perspicacia de saber o identificar cuando un comentario incomoda a otra persona y más si este estuviera fuera de lugar,   esto podría levantar sospechas y/o conjeturas, las cuales estos no se   podían permitir.

- Hola, ¡Buenas tardes!, Dijo Jesús Pérez,

- a lo que al unisonó respondieron todos, ¡Buenas tardes!

-¿ya me mandaron a personalizar mi Taza de Café?, ¡quiero un Café!, exclamo Jesús

Algunos se miraron y   gesticularon, Jesús hizo un Rápido escaneo de todos sus rostros, pensó y dibujo una pequeña sonrisa en sus labios como señal de haber acertado lo que efectivamente le dieron a entender esos rostros, una extraña mezcla entre temor y desconfianza hacia él. Salvo Freddy y Rodrigo que mostraron preocupación.

Quien podría Imaginar que en una panadería de una pequeña ciudad en el centro occidente de Venezuela, allí en esa mesa, estuviesen estos tres personajes   que en un momento de sus vidas tuvieron la oportunidad de cambiar no solo su destino, sino también el de otras personas y países que giraron en torno a las vida de Carlos el Chacal. Más allá de aquella decisión y de otras que cada uno debió haber tomado en su vida. Nunca en ese instante pensarían que sus vidas se volverían a cruzar y que sus decisiones otra vez no solo cambiarían sus vidas y la de su entorno, sino el poder influenciar hasta posiciones Diplomáticas y Políticas de algunos países del Caribe, Centro y Sur América.

Capitulo 5

Un par de semanas después, Iba Cecilia en su Dodge Dart 1975 de color Beige serpenteando por la vía montañosa que conducía hacia un sector denominado como el Manzano, un suburbio ubicado al sur de la ciudad de Barquisimeto. Era una zona donde converge gente de todos los estratos sociales desde el puente del Rio Turbio, hasta un pequeño y agradable pueblo llamado Rio Claro. Este sector que se había convertido de un tiempo determinado hasta ese entonces, en lugar predilecto para empresarios, profesionales y personas de buen soporte financiero, ya que compraban terrenos y hacían sus casas a la medida de los gustos. Es un lugar agradablemente y natural, con una vista general de toda la ciudad verde, un sector simplemente verde y con mucha agua, como siempre se dice, donde hay agua hay vida. Cecilia se dirigía a la casa del Freddy Sierralta. Aunque su hijo Roberto le ayudaba económicamente para cubrir ciertos gastos, Cecilia regularmente iba a buscar el tratamiento médico de Jesús a que Freddy. La crisis económica también había afectado toda el área de salud, insumos médicos, medicinas, reactivos, todo absolutamente, todo lo relacionado a la salud era escaso. Había carencia de especialidades médicas, algunos médicos especialistas se vieron en la necesidad de irse del País.

El poder económico y las relaciones de Freddy le   permitían conseguir ciertos medicamentos.

Cecilia también le quería informar a Freddy acerca de los avances que se habían obtenido en referencia a la búsqueda de los orígenes de Jesús. Pues resulta que hacía ya algún tiempo atrás.

Cecilia le pidió a Freddy que la ayudara en la búsqueda de información sobre el padre de Jesús. Freddy con sus influencias, logro comunicar a Cecilia con Funcionarios de la Embajada de Colombia. Cecilia suministro la partida de Nacimiento de la Hermana de Jesús en la cual estaba la firma del padre de esta, así como también suministro la nota que Jesús tenia de su padre la cual también estaba firmada, las firmas eran iguales. Los funcionarios de la embajada con estos documentos ya tenían principalmente el Nombre, Luis José Torresa, un apellido poco común en Colombia más bien lo presumían europeo, tenían la edad y año de Nacimiento de Luis José Torresa, ya que en la partida de Nacimiento, para el año en que reconoció a la hermana 1957 tenía 34 años. Torresa había nacido en 1923, con estos datos comenzaron su búsqueda y ya estaban bastante adelantados.

Al llegar a la mansión de Freddy se abrió un gran portón eléctrico el cual era flanqueado por dos vigilantes, a la izquierda se podía observar una altísima garita de vigilancia, desde donde se podía apreciar todo el borde de la cerca perimetral de la propiedad. El carro de Cecilia contrastaba con todo aquel lujo y la decoración, que era armoniosamente alineada con el ambiente natural. Cecilia se estacionó en la respectiva área de visitantes, bajo de su carrito y ya casi cuando estaba cerrando la puerta súbitamente apareció Luz Marina De Sierralta, esposa de Freddy.

Luz Marina una mujer hermosa y elegante no aparentaba sus ya más de cincuenta años, para ella no había excusa para estar fuera de la moda en cuanto a vestimenta y tecnología. Era de las fanáticas de la alta costura y de las redes sociales. Esa Belleza no opacaba en nada a la de Cecilia, una mujer también de más de cincuenta y a pesar de las vicisitudes llevadas a consecuencia de la enfermedad de Jesús y de estar sencillamente vestida, siempre estaba hermosa.

- ¡Bienvenida!, dijo Luz Marina.

- Gracias Luz. Respondió Cecilia

- ¿Que te trae por acá?

- Vengo a conversar con Freddy.

- No está, pero quédate y charlemos algo

- Ok, dijo Cecilia

Cecilia acepto y no quería ser descortés, tambien quizá Freddy alcanzara a llegar. Cecilia sumado a su Belleza y personalidad, era una mujer muy inteligente. Su educación le permitió trabajar honradamente en un centro de salud dependiente del Ministerio de Educación, jubilada , retirada antes de tiempo, nunca entendió porque la jubilarían tan rápido, posteriormente entendió que los favores políticos se pagan y se pagan con cargos en la administración pública. Jesús, ella y su hijo pertenecieron a una denominada clase media baja. En anteriores Gobiernos sus ingresos les permitió educar a su hijo y vivir cómodamente. Ahora eran tiempos difíciles, el hecho de hacerse de alimentos y medicinas era un calvario, que podían tener en común ahora estas viejas amigas para tema de conversación. El abismo social que las separaba era inmenso.

Cómodamente Sentadas en el área de recepción de la casa, entre charla y charla, Luz Marina le pregunta a Cecilia:

- ¿Qué te ha dicho tu Galleta de la Fortuna?
- A lo que Cecilia le responde, ¿Perdón?
- Si tu galleta de la fortuna...! exclama Luz Marina
- ¡Ah, ese link que aparece en el computador casi automáticamente cuando nos conectamos a alguna red Social! Me entere y mucha gente habla de él, ya casi no entro en mi perfil, cuando entro es para ubicar productos e intercambiarlos, dijo Cecilia.

Las redes Sociales en Venezuela se habían convertido en una herramienta para ubicación, compra, venta e intercambio de productos de primera necesidad. Con más frecuencias Medicinas y alimentos. También se publicaban artículos usados para la venta, ropa, calzado, utensilios, era como especie de una venta de garaje en línea.

- ¡A mí me parece buenísimo! , siempre acierta lo que me dice, comento Luz Marina,
- escuche que un joven logro acertar la Lotería en Miami con los Números que le pronosticó la Galleta de la Fortuna, continuó diciendo Luz Marina
- ¡Guao...! que Afortunado, dijo Cecilia,

La Galleta de la fortuna era un Hardware, un intruso, un software que se hacía presente en los dispositivos al ser compartido. Este era muy popular, te invitada abrirlo te decía tu fortuna y daba seis pares de números de la suerte, finalmente te invitaba a compartirlo, este automáticamente se multiplicada entre las amistades. Era aparentemente inofensivo, no dejaba ningún huésped dañino en los dispositivos, no robaba información, no dejaba publicidad, no causaba daño alguno y lo más curioso siempre acertaba en sus consejos. El ser humano es muy vulnerable cuando se encuentra,   eufóricamente feliz o melancólicamente triste, no hay nada más agradable que escuchar o saber lo que en realidad queremos que nos digan. Una palmada en la espalda un comentario acertado y hasta una promesa. Suena a estrategia política y la Galleta de la fortuna lo hacía muy bien.

Repentinamente se oye la manilla de la puerta principal de la Mansión seguido de unos pasos dirigiéndose hacia a ellas, apareciendo allí, Freddy Sierralta.

Capitulo 6

Ring..,ring..ring...., suena el teléfono en la residencia de la Familia Pérez. Una modesta casa ubicada en la Urbanización que lleva el nombre del Monumento principal y Referente de Barquisimeto. El Obelisco, una hermosa obra de 75 Mts de Altura construido durante el Gobierno de Marcos Pérez Jiménez en conmemoración de los 400 años de la Ciudad.

La Urbanización el Obelisco sus residentes de la ya casi extinta clase media baja.

Jesús estaba sentado en la recepción de la casa abstraído totalmente de la realidad. La mayor parte de su tiempo la pasaba allí, no leía la prensa, no veía la televisión, lo alteraba, lo trastornaba mas, no tenía amigos, ni familiares que le visitaran, todo esto debido a su condición. El sonido del teléfono lo saco de su mundo, se levantó dio no más de tres o cuatro pasos y tomo la bocina:

- ¡Alo! , Respondió

Al otro lado de la Bocina a más o menos 4000 km de distancia, estaba Roberto Pérez su hijo. Este desde hacía un tiempo trabajaba en Montreal, Canadá. Graduado de la Escuela de Ciencias perteneciente a la UCLA "Universidad Central Lisandro Alvarado" en Barquisimeto, con un Título de Ingeniero en Informática, sus padres con mucho esfuerzo, posterior a su graduación, lo enviaron a estudiar Ingles a Montreal. Lo enviaron allí ya era el 2003 no se vislumbraba un buen escenario económico, dos eventos político sociales se habían generado. El de mayor relevancia el intento de golpe de estado del 2002.

Roberto al culminar sus estudios de inglés, logró hacer una equivalencia de Ingeniería y obtuvo los permisos necesarios para lograr hacerse de una visa de trabajo.

- ¡Bendición papá! , ¿cómo estás? Preguntó al final Roberto
- Bien hijo, dios te bendiga, bien! bueno tu sabes, dijo Jesús.
  Roberto entendía bien sus delirios, paranoias y melancolías de su padre
- Ok, papá, que broma, dígame, ¿está mi mamá?
- No mijo, no está, salió para casa de Freddy. respondió Jesús
- ¿de Freddy?., Pregunto Roberto
- Si Freddy Sierralta ., dijo Jesús
- ¿Sucede algo hijo?
- No..., respondió Roberto.
- ¿Cómo está tu trabajo? Le preguntó Jesús
- Bien papá, ¡Bien!

Jesús notó un leve cambio en el timbre de voz de Roberto al responder su pregunta.

- ¿Seguro hijo? Pregunto Jesús.
- Si seguro papá, son cosas de trabajo, dígale a mi mamá que la llamo luego
- Ok mijo cuídese , Dios lo bendiga
- Bye papa...

Jesús colgó la bocina y quedo pensativo, en su mente sonaba aún cada una de las palabras que recién había tenido con su hijo el cambio de su voz le indicaron que algo le estaba pasando a su muchacho.

Roberto un muchacho de 1,82 de estatura, 80 kg, tez blanca, pelo negro, rasgos europeos, usaba Lentes al estilo Hípster, este se había convertido en uno de los mejores desarrolladores de Software de una empresa en Montreal. Esta empresa se dedicaba a la implementación de maquinarias, equipos y procesos que llevan a la modernización de otras empresas así como asesoría a empresas emergentes. Trabajaba en un equipo multicultural, argentinos, mexicanos, irlandeses, canadienses y otra variedad de nacionalidades, una empresa multicultural. Aún era soltero, su pasión por su profesión lo alejaba de una vida social. Siempre estaba estudiando y preparándose, había entablado una gran amistad con un Argentino de nombre Paulo, un carismático tipo pelirrojo que también había adoptado un estilo hípster, con una abundante barba y de gran estatura, parecía la reencarnación de un Vikingo. Ambos compartían la misma pasión por la Informática, la programación, los algoritmos, el mundo de los unos y ceros. Fue esa pasión y la curiosidad la que los había llevado a descubrir en medio de la Internet, unos extraños textos que les habían generado curiosidad e inquietud y que al final esta les cambiaría la Vida.

Capitulo 7

Levi Castillo era su nombre pero se había ganado el apodo del diablo en Venezuela. Un hombre sumamente inteligente, un personaje cínico, descarado y sin escrúpulos. Según este individuo era uno de los que conformaba el poder detrás del poder en Venezuela. Se decía que era uno de los Hombres más Ricos del País. Todo el mundo presumía de donde había salido su presunta riqueza. En una oportunidad se le preguntó a uno de sus seguidores sobre la supuesta fortuna y negocios,   y este respondió:

- "Quien no ha hecho gárgaras con limón y no ha tragado un poquito".

Uno de estos seguidores que se quedaron del lado del fanatismo o del interés. La cultura y los principios a veces chocan cuando está de por medio la necesidad o la oportunidad, como decimos por acá "No me den, póngame donde hay". Alguno de estos seguidores no han despertado aun de lo que significó,   creer, encontrar o identificarse al principio con un proyecto político, una revolución que al final se convirtió en una manera de hacer negocios para unos cuantos en el poder.   Hasta ahora existen un par revoluciones por estas latitudes desde hace más de cinco décadas que han dejado sembrado por un lado, atraso y violación de derechos humanos y la otra muerte, secuestro y narcotráfico. Por otro lado unas revoluciones apenas están   naciendo generando incomodidades por estas Latitudes.

Sujetos como el Diablo no ven a sus seguidores como personas, ni como ciudadanos, simplemente los ven como un número, una estadística, una variante en las encuestas a las que hay que mantener o subir. La única manera de mantener o sumar esa variante es darles de las migajas del Poder.

La corrupción es la madre de todas las grandes dificultades que atraviesan nuestros pueblos desde el Norte de Centroamérica, Islas del Caribe y Suramérica. Ciertamente unos países en mayor o menor grado, pero definitivamente lo padecen, la lucha contra el Narcotráfico fuese más fácil si no hubiese tanta corrupción, una buena economía en los países evitaría la emigración de sus ciudadanos, defalco en los haberes del pueblos, acentuación de la criminalidad y de la impunidad. El hambre, la anarquía, abuso de poder, todos estos males y sus consecuencias tienen un común denominador y es definitivamente la corrupción.

"El dinero de la corrupción generada en los países del tercer mundo también encuentran un cálido refugio en los países del primer mundo".

Venezuela no es la excepción en cuanto a corrupción se refiere. Las últimas estimaciones de corrupción a nivel mundial la señalan en los primeros puestos. Es interesante saber que en el año 1970 la tendencia de desarrollo Económico de Venezuela era igual a la de Alemania. Vean en lo que Alemania se ha convertido hoy. Quizás una de las causas que motivan a personajes como el Diablo que al llegar al poder se hagan de los bienes públicos es la impunidad ante la corrupción. Esta fue y es la consecuencia de todo lo que estamos padeciendo ahora los venezolanos. La corrupción no es solo en estos tiempos. También se dieron en la denominada Cuarta

República como se le conoce. Ciertamente en menor grado y descaro pero corrupción al fin. Acá en Venezuela teníamos y tenemos un decir: "Antes se robaban los cambures pero nos tiraban la concha". Sabíamos que había corrupción, pero nunca hubo presión, ni juicios, ni condenas serias o justas de parte de los organismos de Contraloría y Justicia del País. Había como lo hay ahora un conflicto de interés entre los poderes que no permitieron ejecutar tal justica. Que más se podía hacer, al fin y al cabo éramos los chicos Ricos del barrio gracias a nuestro petróleo, pero ahora las consecuencias son peores nos despertaron de un solo golpe, nos caímos de la cama, ya que al destruir el sistema productivo del país por medio de expropiaciones y control de precios, un acto de populismo garrafal para el país, quien puede entender que pueblo y gobierno juntos pueden gerenciar, lamentablemente no estamos preparados culturalmente para ello, mucho menos los Militares, estos deberían estar en los cuarteles haciendo su trabajo, proteger al pueblo y la patria, no ejecutando labores Civiles, ni Políticas. Los militares tienen un gran trabajo por hacer, ganarse nuevamente el respeto y la admiración del pueblo.

"El sigiloso sonido del sable al entrar en su vaina y el estruendoso eco de la bota militar a la voz de mando de un ¡a discreción!, habían sido silenciados por el ruido que generan unas cuantas monedas en sus bolsillos"

Todos esos males, la alta corrupción y el bajo precio del barril de Petróleo creó la tormenta perfecta del descalabro económico que actualmente se vive. Muchos alrededor del poder se han hecho del dinero público, Políticos, Empresarios, Funcionarios y oportunistas. Pero definitivamente este personaje el Diablo no tenía comparación.

Toda esa información, comentarios, chismes y diretes acerca del Diablo era una presunción. En realidad no había pruebas ni tan siquiera indicios que lo señalaran de haberse tomado un centavo de la Nación.

Capitulo 8

Colmar Francia, una comuna francesa ubicada hacia el este de Paris, muy cerca de la frontera con Alemania. Tierra que vio nacer a Auguste Bartholdi el creador de la Estatua de la Libertad un obsequio de los franceses para los norteamericanos en conmemoración a los 100 años de la declaración de la independencia. Francia jugó un papel determinante para el logro de la independencia de los Estados Unidos, siempre se necesitan de buenos aliados.

Allí en Colmar fue donde finalmente se erradico Alexander Sierralta hijo de Freddy. Alexander un hombre de mediana estatura de 1,75 metros, tez Blanca, su cabeza totalmente rapada, desde su juventud ya habían aparecido indicios de su calvicie y desde hacia tiempo se rapaba todo, usaba lentes, inspiraba respeto, era un tipo de Carácter, franco directo y objetivo. Este se hizo de un título en Ingeniería Mecánica, en la Universidad Nacional Experimental Politécnica "Antonio José de Sucre" una Universidad Pública, de las mejores y más grandes universidades de Ingeniería de América Latina. Ubicada en Barquisimeto, cuna de grandes profesionales que no solo han desarrollado sus carreras en Venezuela, sino también en muchos países del mundo. A igual que Roberto culminó sus Estudios Universitarios y ambos se fueron a estudiar inglés en Montreal. Fue allí donde conoció a Alisha Deveroux su esposa, una hermosa Francesa pelirroja, poliglota, francés, español, italiano, alemán e inglés eran los idiomas que dominaba, era una profesional independiente, hacía trabajos de Traducción para editoriales, empresas y eventualmente como traductora en el Parlamento Europeo cuya sede se ubica en la ciudad de Estrasburgo, Francia, muy cerca de

Colmar. Alexander ya era ciudadano Francés, siempre mantuvo contacto con Roberto Pérez, eran grandes amigos, le dio en Bautizo a su hijo Mayor Stephan, la hija menor de este de nombre América también le decía Padrino a Roberto. Alexander trabajaba para una reconocida empresa Alemana de Automóviles, este era encargado de negocios para la zona de Europa del Este y recientemente para América Latina. Viajaba con mucha frecuencia.

La familia recién llegaba a Colmar, desde hacia tiempo habían comprado un terreno en una zona exclusiva, ambos proyectaron y construyeron una hermosa casa a su medida. Se estaban preparando para el Open party como se le conoce. Como costumbre se hace una reunión para celebrar la nueva casa, se invitan amigos, compañeros de trabajo, vecinos y familiares, Alexander estaba emocionado, había invitado a sus padres tenía tiempo que no los veía, aunque su padre Freddy frecuentemente viajaba a Europa por negocios, no lo visitaba, desde cierto tiempo para acá se habían distanciado, de hecho la última vez que se vieron habían discutido.

En Venezuela muchos Familiares y amigos se habían distanciado y hasta eran enemigos a consecuencia de las posiciones políticas.

Alexander sabía que su padre hacia negocios con el gobierno, cuando estos hablaban sobre esto, sus conversaciones generalmente terminaba en discusiones debido a las posiciones de ambos. Alexander no quería que lo involucraran con los negocios de su padre, tenía una vida propia, una familia, con esfuerzo propio logro hacerse de una carrera, era un buen profesional. En los países desarrollados los buenos profesionales ganan lo suficiente para vivir digna y cómodamente. Alexander veía como en las redes sociales los hijos de los llamados enchufados con el Gobierno (Enchufados: Aquellos que disfrutan de la Mieles del Poder, beneficiándose y haciendo Negocios con el Gobierno). Muchos de los descendientes y allegados de estos enchufados descaradamente se mostraban exhibiendo: carros de lujo, viajes por todo el mundo, joyas y ropas exclusivas. Mientras que en Venezuela estuviesen atravesando una severa crisis sometiéndolos a humillaciones y desmanes por productos básicos.

Otros invitados a los que esperaba con mucha ansiedad eran, Cecilia, Jesús y Roberto, así como el pintoresco Rodrigo Salas a quien le decían tío. A Alexander le emocionaba tenerlos a todos en su nueva casa. No es fácil estar lejos de casa. Aunque con su esposa e hijos se sentía totalmente lleno y feliz. La tierra natal siempre se lleva en el corazón y se añora, pero lamentablemente la inseguridad y la escasez en el país no le permitían viajar con la frecuencia que quería.

Capitulo 9

En un famoso Hotel 5 estrellas ubicado en una de la más paradisiaca Isla del Caribe, se encontraba hospedado Rodrigo Salas. Una inmensa Habitación con las comodidades y lujos que solo se dan, estrellas del show Bussines Internacional, deportistas, multimillonarios, presidentes, políticos y diplomáticos. Rodrigo estaba parado en el balcón de la habitación hablando por su Smart Phone de última generación. Conversaba con una amiga la cual visitaba cuando venía de negocios por la Isla. Pasaba del balcón al Interior de la impecable habitación, este le confirmaba la invitación a cenar que le había hecho días antes de partir de Venezuela. Se escuchaba de fondo la Televisión encendida. Este poco a poco se fue acercando a ella. Le llamo la atención el titular de una noticia. Acelero el término de la conversación con la amiga y quedaron en verse a las 8 de la noche en un agradable y exclusivo restaurante. Se sentó frente al televisor atento al noticiero en el cual hablaban acerca de un personaje que fue arrestado en un país al sur de Suramérica. Según este personaje estaba solicitado por la interpol desde hacía un tiempo, el proceso de investigación que se le seguía, lo asociaba a un político de renombre del país por presunto lavado de dinero por corrupción. Al momento de su arresto, se le encontró en un Viejo Monasterio, ocultos en el piso de la cocina, 10.000.000, oo $ en efectivo. Rodrigo se quedo pensativo, ido totalmente y solo alcanzo a decir... ¡ups! , apagó el Televisor y dispuso a prepararse para salir.

Horas después ya casi al mediodía, Rodrigo estaba sentado en la área de espera del Aeropuerto Internacional de la Isla, degustaba un sabroso café, paralelamente anunciaban por los altavoces de la terminal la llegada de un vuelo desde Venezuela, llegaba a tiempo. Rodrigo se paró de su silla y busco acomodo en un área de la terminal donde se podía apreciar la llegada de los pasajeros, desde allí podía observar el pase por el área de inmigración y retiro de maletas. Unos minutos de después, apareció un individuo no mayor de 40 años, bien vestido con porte de ejecutivo. Llevaba consigo un Maletín ejecutivo de viajes, recogió de la correa de equipaje una pequeña maleta Carrier, lo que denotaba que no duraría mucho en la isla. El ejecutivo procedió a salir de la terminal, Rodrigo lo siguió con la vista y pendiente que nadie lo notara, Rodrigo salió del Aeropuerto, se dirigió al estacionamiento donde había parqueado su espectacular auto de lujo y donde podía divisar la zona de parqueo de los autos de alquiler, justamente hacia donde se dirigía el Joven Ejecutivo. El ejecutivo miro la llaves que tenía en sus manos allí estaba escrito la matrícula del vehículo un Toyota corolla 2015 el cual diviso y se monto

La ruta que tomo el ejecutivo lo llevaba al centro de la Ciudad. Detrás de este Rodrigo lo seguía a una distancia considerable, pareciera como si supiera hacia donde se dirigía el ejecutivo ya que al poco tiempo lo adelantó.

Al igual que en el Aeropuerto Rodrigo logró estacionarse a una distancia prudencialmente innotable. De allí divisaba un conjunto de oficinas en la planta Baja de un edificio Comercial en el cual el ejecutivo se estaba estacionando, el ejecutivo se bajo de vehículo con su maletín de mano y se dirigió a una oficina donde se podía Leer, "Inmobiliaria".

Tiempo después de aproximadamente unos 20 minutos, salieron de la oficina junto con el ejecutivo tres personas más, entre ellas una dama. Rodrigo se dispuso a seguirlos, pero esta vez con la mirada, a no más de cincuenta metros de distancia diagonal a la Inmobiliaria, se ubicaban unas oficinas de Registro y Notaria de la ciudad, a la que el grupo se dirigía. Mediahora después salieron del Registro retornando a la Oficina Inmobiliaria. El ejecutivo se quedo a medio camino frente al auto alquilado, se dieron un estrechón de manos y se despidieron. Antes de entrar al vehículo, el Ejecutivo se quito su saco, hizo un escaneo con su mirada de 180°, con saco en mano abrió la maleta de vehículo, colocó el saco en la Maletera, tomó unos lentes de sol, se los colocó y este volvió hacer un barrido con su mirada de 180°,era como si supiera que lo observaban. Rodrigo solo lo observó a la distancia, el ejecutivo arrancó el vehículo y desapareció. Rodrigo tomó su laptop duró como 10 minutos conectados y luego se dirigió hacia su hotel a este le tocaba una apretada agenda que lo llevaría a destinos, como Nicaragua, Bolivia, Ecuador y Panamá.

Al día siguiente y después de pasar una agradable velada con su amiga. Rodrigo se dirigía nuevamente al Aeropuerto y tal cual como fue el día anterior, esta vez supervisó a la distancia la partida del Ejecutivo.

Capitulo 10

Estaban cómodamente sentados en el Salón de Recepción de la Casa, Luz Marina, Cecilia y Freddy. Este Último se había servido su Whisky antes de la cena. Ambos invitaron a cenar a Cecilia pero esta les indicó que debía retornar a casa, Jesús estaba Solo y ambos sabían cómo era él. Su condición también lo había convertido en un celópata y Cecilia quería evitarse pasar un mal rato a su retorno,

- Gracias por las medicinas Freddy. Dijo Cecilia,
- No hay de que agradecer Cecilia, lamento no conseguirlas todas

A pesar del dinero y las influencias que tenia Freddy, aun para él era difícil conseguir algunas medicinas, quiso cambiar el tema rápidamente y le pregunto:

- ¿cómo va lo del padre de Jesús?, pregunto Freddy
- Bien, vengo a comentarte y a la vez agradecerte. Respondió Cecilia

Cecilia le explicó que las investigaciones en referencia a la ubicación del padre de Jesús, estaba bastante adelantadas ya en fase final. Resulta que habían ubicado dos descendientes de Luis José Torresa. Efectivamente fue un colombiano de origen Italiano. Después que salió de Venezuela se estableció en Bogotá, se casó y tuvo dos hijos, había fallecido en los años 70. Los funcionarios a cargo de la investigación ya habían hablado con los dos descendientes de Torresa, una dama y un señor. Ambos aceptaron hacerse una prueba de ADN, ellos sabían que tenían dos hermanos en Venezuela ya que su padre antes de morir les dijo: "deje dos muchachitos allá en Venezuela nunca me lo perdonaré, solo yo y Dios sabe cuánto los quise", problemas de salud y el temor a perder su nueva familia le impidió buscarlos. La dama y el señor nunca tuvieron información alguna para buscar a sus hermanos en Venezuela, Pero la vida les dio esta oportunidad. Jesús y su Hermana solo debían ir a Bogotá, Colombia, y así para someterse a unos exámenes.

- ¡qué bien! , ¡qué maravilla! Expreso Freddy
- Y dime, ¿Cuándo se van? , pregunto Freddy
- Roberto nos comprara los pasajes, estamos esperando, expuso Cecilia
- ¿Y la hermana de Jesús? Pregunto Freddy
- Según entendimos se irá vía terrestre, cruzara la frontera, respondió Cecilia
- Pero la frontera con Colombia está cerrada, exclamo Freddy, con ganas de cambiar el tema.

La frontera Colombo-Venezolana estaba cerrada desde hacía un tiempo por orden del Ejecutivo Nacional.

El contrabando, la presencia de grupos paramilitares, un ataque de estos grupos a una comisión militar, la comercialización de divisas, narcotráfico, extorsiones, en fin una serie de males que han venido creciendo en la frontera, son uno de los motivos principales del cierre del la misma. No era un secreto para nadie que el negocio del contrabando de gasolina hacia Colombia llevaba décadas. Tampoco era un secreto que los responsable del cuidado de las fronteras eran los que se lucraban de estas operaciones. Muchos eran los camiones cargados con pipas de gasolina, productos básicos, carne y todo lo posiblemente imaginable que se pudiera llevar al otro lado de la frontera, que estos camiones parecían uno bachacos por la sobrecarga de productos. Nombre por el que ahora se conocen a las personas que se dedican a comprar productos que están escasos en Venezuela para revenderlos a sobreprecio, "los Bachaqueros".

Cecilia termino explicándole a Freddy que según se pagaba un peaje para poder pasar la frontera. Un peaje obviamente que no llegaba a las arcas del estado sino mas bien a los bolsillos de quienes resguardan la seguridad en la misma. También le explicó que aun así con esos gastos salía más económico irse por tierra que por aire. Los pasajes aéreos son muy costosos.

- OK, me avisan cuando estén preparados para el viaje, dijo Freddy.
- Ok. Respondió Cecilia.
- ¿Para cuándo tienen pautado ese viaje?, Preguntó Luz Marina a Cecilia.
- En un par de semanas, contesto Cecilia.
- No irán a casa de Alexander, me dijo que los invitó. Está muy emocionada por tenernos a todos allá, expuso Luz Marina
- No creo Luz Marina, es casi la misma fecha del Viaje a Bogotá, dijo Cecilia
- Mi hijo Roberto si le Confirmó a Alexander que iba, replicó Cecilia.
- Ah, ok me alegra, dijo finalmente Luz Marina.

Cecilia se despidió de Freddy y Luz Marina, no sin antes comentarles que la hermana de Jesús estaba tan entusiasmada como ella de conocer a sus hermanos. También le emocionaba la idea de quizás poder solucionar un problema. Si ella obtenía la Ciudadanía Colombiana, podrían sus hijos también tenerla y así poder emigrar a Colombia a vivir y trabajar como lo estaban haciendo muchos Venezolanos actualmente. Se dice que es la mayor y única Emigración de Venezolanos de todos los tiempos.

Es Paradójico pensar que aquellos quienes en una oportunidad llegaron a Venezuela para lograr un mejor futuro huyendo de sus países de origen, ahora les daban oportunidad a sus descendientes de salir del país, ya que sus descendientes Venezolanos podían optar por una segunda nacionalidad o lamentablemente renunciar a la propia y así poder salir del País a lograr un mejor futuro.

Capitulo 11

Montreal, Canadá, caminando muy cerca de los restos del Viejo muro que bordeaba la antigua ciudad amurallada en el Viejo Montreal. Iban Roberto Pérez y su amigo Paulo. Ambos se dirigían a tomarse un café en uno de los pequeños locales que se ubican en el Boulevard que va directo al rio San Lorenzo, al Viejo puerto. Ambos salían de vacaciones ese día.

Ya cómodamente sentados conversaban acerca de su situación actual. La empresa en la que ambos laboraban atravesaba tiempos difíciles, sabían que una reducción de personal era inminente y que tal vez al regresar de vacaciones las cosas cambiarían. Estos pensaban en emigrar hacia otro país. Roberto le comento a Paulo que para él era imposible pensar en retornar a Venezuela. La situación actual era caótica un gran número de profesionales estaban emigrando y en algunos casos sin la esperanza de ejercer sus profesiones. Negando con su cabeza y reflexionando acerca de lo que le había dicho a su amigo, su cara primeramente reflejó tristeza y poco a poco frunció su ceño, los músculos de la mandíbula se mostraron por sobre su piel en señal de chocar sus molares, solo fue ira y frustración lo que al final su rostro mostro Exclamando:

- Que impotencia se siente el no poder hacer nada y saber que tu país lo están destruyendo un pequeño grupo de personas que más por aferrarse al poder lo que tienen es temor de perderlo

Paulo solo exhaló un poco de aire con sus ojos bien abiertos expresando asombro por las palabras de Roberto, primera vez lo que veía así pero entendió su frustración.

Roberto ya un poco más calmado y después de que ambos saborearan un rico Café Colombiano, le pregunto a Paulo:

-   ¿y tú que has pensado amigo, que piensas hacer?
-   Silicón Valey, respondió Paulo

El sueño de todo profesional de la tecnología, amante de los unos y los ceros, los algoritmos es hacerse de un buen trabajo en Silicón Valey, cuna de las más grandes empresas de tecnología en el mundo.

Roberto le comentó que estaba pensando en Europa. Su amigo y compadre Alexander estaba allá, tenía un buen cargo y buenas relaciones, aprovecharía que tenía planeado ir a Europa en los próximos días ya que su compadre lo había invitado a una reunión en celebración de su nueva casa, aprovecharía la oportunidad de hacerle el planteamiento. Entendía que los trámites para obtener un permiso para trabajar llevaba tiempo no era del todo fácil. Casualmente en ese instante la hermosa mujer que minutos antes les había servido el Café y ahora retiraba las tazas. Se notaba por sus rasgos que era latina. Roberto como siempre muy amable, le agradeció y le expuso una agradable sonrisa, la cual le fue devuelta, la chica se retiro y Roberto observando cómo se alejaba le decía a Paulo:

-   Que hermosa Mujer y lo curioso es, que quizás en este momento, estemos siendo atendidos por un médico, un abogado o una Ingeniero, en fin un profesional de oficio.

Paulo asintió con la cabeza, y ambos quedaron pensativos.

Muchos son los Venezolanos Profesionales y Técnicos, con oficios o conocimientos especializados cuyo mismo impulso que los motivó hacerse de esa carrera u oficio lamentablemente los motivaba a partir. Tomando riesgos y hasta con la incertidumbre de no poder ejercer su profesión u oficio.

Rato después ya Paulo disponía en la mesa su laptop la cual siempre traía consigo. Roberto también sacó la suya y colocó un pendrive donde llevaba consigo la información que se habían conseguido en la red. Esta información los inquietaba, les daba curiosidad ya que estos textos tenían una intención. Sabían lo que originaba que los textos de alojaran en la maquina y con un poco de habilidad podrían determinar a quién estaba dirigido. Ahora solo tenían que descubrir que significaba esta extraña nomenclatura. En un periodo de un mes había interceptado alrededor de 30 textos y que repentinamente cesaron de aparecer:

"10/JTDXXXXX6G – 6/25/25 N - 66/35/23 W"
"G/1/WDBXXXXX4F – 8/32/16 N – 80/46/55 W"
"C/14/14/6 N – 51/55/31 W (100KX20)"
"B/18/34/55 N- 68/24/19 W"
"S/12/51/55 N- 85/12/26 W"
"C/34/37/21 S- 58/55/2 W 10x(100kx10)"………..

Roberto y Paulo ya tenían claro que la nomenclatura guardaban un patrón. Eran las letras "N" y "W" que junto con la secuencia de tres números que los antecedían describían una coordenada geográfica. Latitud y longitud.

Ahora solo debía descubrir el significado de los otros dígitos y letras.

Capitulo 12

En una inmensa y elegante oficina ubicada en el Este de Barquisimeto. Freddy Sierralta estaba atendiendo unos funcionarios del gobierno. Estos venían con la intención de solicitar apoyo logístico para una reunión del partido que se llevaría a cabo en la ciudad. El apoyo consistía en movilizar, alojar y prestarle seguridad a cierto número dirigentes pertenecientes a la cúpula del partido. Generalmente le asignaban no más de cuatro dirigentes con su comitiva. En esta reunión del partido se harían entregas de créditos, asignación de vehículos, venta de equipos electrodomésticos a precios solidarios previamente aprobados y un sin fin de dadivas que el gobierno generalmente acostumbra a dar a sus fieles seguidores, un show.

Freddy estaba atento a las solicitudes de los funcionarios y por supuesto totalmente de acuerdo y dispuesto a cumplirlas. Sabía por experiencia ajena que debía hacerlo los pases de factura de aquellos que no colaboran con el gobierno, terminan muy mal, más aun si eras un enchufado.

Los funcionarios se despidieron de Freddy muy efusivamente con un abrazo y los acostumbrados saludos de camarada. La reunión del partido estaba pautada para muy poco tiempo y a Freddy le preocupaba que casi coincidiera con el viaje que tenía preparado para visitar a su hijo en Europa. No quería faltar , no quería seguir abriendo la brecha que los estaba separando y tenía que ir. Seguidamente vio su reloj, eran las 4 de la tarde calculó la hora que sería en Francia y se dispuso a llamar a su hijo.

- ¡Allô! Respondió Alexander en Francés,

Alexander aparte de inglés y español ya dominaba el francés y alemán.

- Buenas noches hijo soy yo, tu papá, dijo Freddy
- Bendición papá, ¿cómo estás?
- Bien hijo, bien.
- Te llamo para confirmarte que tu mamá y yo ya tenemos los pasajes para ir a visitarte, te felicito por tu casa.
- Gracias Papá.
- ¿Y cuando tienen pensado llegar? Preguntó Alexander
- Llegaremos tres días antes, por el aeropuerto de Basilea , exclamo Freddy
- ¿por Basilea?

El Aeropuerto internacional de Basilea- Mulhouse, es el único aeropuerto en el mundo el cual es regentado por dos países tiene un lado Francés y el otro Suizo. Esta precisamente entre ambas fronteras. Suiza y Francia.

- Si hijo, aparte de confirmarte que íbamos, quería pedirte que si estaba en la posibilidad de que fueras a buscar a tu madre allí, yo debo ir a Zúrich por negocios, ya sabes a tu mamá no le gusta Viajar sola, yo posteriormente me reuniré con ustedes en tu casa, Explicó Freddy.

La distancia entre Basilea y colmar es aproximadamente de 65 Kilómetros, más o menos a una hora, relativamente cerca, pero después de durar 9 a diez horas de Vuelo con escala y un cambio de horario es duro, pero lamentablemente fue la única ruta de vuelo que pudo encontrar la secretaria de Freddy. Lamentablemente muchas líneas aéreas habían cesado operaciones en Venezuela.

- Ok, papa yo la busco, me alegra tenerlos acá, pásame el itinerario, estaré al pendiente, dijo Alexander.
- Ok Hijo, cuídate, Dios te bendiga nos veremos pronto.
- Ok, papá.

Freddy se quedo pensando en su hijo, lo amaba y estaba orgulloso del hombre en que se había convertido.

Capitulo 13

Montreal, Canadá, días después ya en su residencia Roberto estaba en su escritorio frente a su computador. Fue en esa máquina donde se alojaron los extraños textos. Estaba organizando documentos de trabajo, documentos personales. Estaba acomodando todo y dejando todos los pendientes al día. En pocos días partiría de viaje. Dentro de estos documentos estaban algunos formatos para solicitud de crédito y hasta una lista de casas que había pensado visitar. Este tenía proyectado adquirir una vivienda y traerse a sus padres, pero en vista de la situación actual tendría que posponer el proyecto. Se encontró también el estado de cuenta de los pagos que tenía pendiente de su vehículo, este lo usaba poco, estaba nuevecito. Solo usaba su vehículo los fines de semana para hacer sus compras y visitar sus amistades. El resto de la semana usaba el transporte público el cual es muy eficiente, así se ahorraba gasolina y estacionamiento. Ya debía pocas cuotas del crédito del vehículo, existen muchas opciones para poder adquirir vehículos en los países desarrollados. Caso contrario lo que se ha convertido en Venezuela. Roberto recordó que la última vez que estuvo en Venezuela por allá en el año 2005. Le pareció muy interesante saber que en los concesionarios de vehículos nuevos no había carros a disposición, las personas debían anotarse en una lista de espera para poder adquirir uno. Lo curioso era que a muy poca distancia de los concesionarios había agencias de vehículos usados con disponibilidad de vehículos nuevos de todo tipo de marca, año, modelo y color, a precios que casi duplican el valor de uno nuevo. Automáticamente pensó que quizás este sería uno de los primeros productos que dieron señales del Bachaqueo

(operación de compra y acaparamiento de productos para su posterior reventa a precios especulativos)

Entre los documentos que estaban ordenando encontró copia de los de su vehículo. Estaban entremezclados con el estado de cuenta. Comenzó a leerlos ya no se acordaba de que año era, ni en qué año lo había comprado. Solo sabía que era un Vehículo Japonés. Leyó el número de matrícula y busco en el documento el año y modelo cuando de repente se topo con la VIN y comenzó leyendo "JTD". La VIN es un acrónimo en Inglés que significa (Vehicle Identification Number) número de identificación de vehículo o serial de carrocería. Este número es único para cada vehículo. Roberto inmediatamente salto a su computadora y busco por el internet "NOMENCLATURA VIN" comenzó a leer entusiasmadamente, devoró rápidamente el texto y tomó el Teléfono.

- ¡Allo! respondió Paulo, en francés
- ¡Son vehículos Paulo! , ¡son vehículos! Replico Roberto en español
- ¿Qué? , pregunta Paulo
- Si una de las Nomenclatura de los textos indican que son Vehículos, dijo Roberto
- ¡Revisa Paulo! , ¡Revisa! , repetía Roberto

Paulo se fue directo a su computador donde tenía los textos abiertos y simultáneamente busco en el internet: "descripción de la Nomenclatura de la VIN", este lo leyó rápidamente y entendió:

1- Primeramente dicha nomenclatura estaba compuesta por 17 dígitos alfanuméricos

2- Los primeros 3 dígitos indicaban el país, la empresa y la planta de origen del vehículo
3- Los 5 dígitos siguientes indicaban el tipo de vehículo , modelo y confort
4- El digito número nueve es un número de verificación, el cual con una asignación de valores de todo el serial, finalizaba con el valor del digito número nueve.
5- El digito numero 10 indicaba el año de fabricación del vehículo, el año 2010 es la "A", el 2011 es la "B". así sucesivamente
6- los siete dígitos restantes indicaban el número correlativo ascendente de producción de ese modelo de vehículo y lo que lo hacía diferente y único

Ambos continuaban al Teléfono.

- Ya lo entiendo Roberto, colocaron solo los diez primeros dígitos, si la nomenclatura lo antecede un 10, tal vez quiera decir 10 vehículos de ese modelo y año, y si entendemos el resto de la nomenclatura que aparentemente son coordenadas geográficas…

"10/JTDXXXXX6G – 6/25/25 N - 66/35/23 W"

- Esto quiere decir que hay 10 vehículos de este modelo en esta dirección, expuso Paulo.
- ¡Robo de Vehículos! Exclamó Roberto.
- Cálmate Roberto, no nos apresuremos, tenemos otras nomenclaturas donde nos indica una letra y número antes de la "VIN" del vehículo, por ejemplo la letra **"G"**y el numeral **"1"** expuso Paulo.

- "**G/1**/WDBXXXXX4F – 8/32/16 N – 80/46/55 W"

- También existen textos con solo una letra anterior a ubicación, replicó Paulo.

- "**B**/18/34/55 N- 68/24/19 W"

- ¿Qué hacemos?, preguntó Paulo
- No sé, tenemos que descifrar totalmente el resto de las Nomenclatura. Así podremos dársela a quien verdaderamente le compete, no sabemos qué o quiénes son, o sean delincuentes o ¡qué sé yo! , lo que sí sabemos es que es dirigido secretamente a alguien y generalmente donde hay secretos hay problemas. Además, tenemos que tomar precauciones, acuérdate que estos textos cesaron de llegar, quizás sepan que descubrimos esa información y nos estén ubicando, expuso Roberto,
- Cierto , contesto Paulo preocupado
- Descansa Paulo, Nos vemos luego. Dijo Roberto
- Ok. Amigo.

Capitulo 14

Cecilia se disponía a salir de compras. Una actividad que se había convertido para el venezolano en un verdadero vía crucis, largas y extensas colas que debían hacerse para obtener parte de los productos que forman parte de la dieta principal y que eran escasos. Otros productos que estaban a disposición eran costosísimos, harina, arroz, pasta, azúcar, leche, mayonesa, era extensa la lista de necesidades que incluían también, productos de limpieza y aseo personal. El promedio de horas que un ciudadano debía esperar para poder adquirir uno que otro producto, es y con mucha suerte de aproximadamente de 4 a 6 horas como minino. A veces duran hasta más de 24 horas pernoctando en las calles como una larga cadena de indigentes. Es verdaderamente triste y doloroso vivir esa situación a la cual los habían llevado. Ver gente en la calle acostada en el piso sobre piezas de cartón , algunos con sus niños en brazos, ancianos, discapacitados, amas de casa, trabajadores, varias cientos de personas , varios cientos de almas , Varias cientos historias. Todo esto era un contraste a las declaraciones que daban los representantes y voceros del Gobierno hacia el exterior. Según no pasaba nada, no había escasez y había suficientes alimentos. Por otro lado argumentaban que estos problemas eran originados por una conspiración en su contra. Es decir, ellos conocían las causas que generaban un problema que para ellos no existía.

Cecilia ya saliendo de casa acompañada de dos o tres vecinos más se disponía a tomar un Taxi o transporte público. No se llevaba su carrito ya que tomaba el riesgo de que fuera Robado para pedir rescate o desvalijarlo. Los repuestos, accesorios, cauchos y baterías de los vehículos también eran escasos lo que los hacia incomprables para quien los necesita. Por otro lado era muy peligroso salir de madrugada para hacer colas para las compras, la inseguridad se sumaba al problema. Alrededor de todo el mundo en las sociedades hay inseguridad y violencia. En Venezuela se habían incrementado una barbaridad, las estadísticas de mortalidad generada por violencia solo son comparadas y a veces superan a la de países en guerras o conflictos. La deserción estudiantil o el no tener un oficio, el desempleo, el declive del poder adquisitivo, son resultados de malas políticas económicas que forman parte de una fórmula perfecta para el incremento de la delincuencia en un país. El ocio y la necesidad estimulan a la creatividad y en una sociedad donde los valores van en declive la tendencia es a la delincuencia.

Ya en cola a la espera de su turno para comprar. Cecilia escuchaba unas cuantas historias de las necesidades y desgracias que pasaban a diario muchos venezolanos. Llamó la atención la historia de un padre, un joven trabajador, tuvo que abandonar sus estudios, su novia había quedado en estado, se casaron y tuvieron una hermosa criatura. Gracias a Dios consiguió un trabajo, este contaba que apenas con su salario podía comprar alimentos, algunas veces hacían una sola comida diaria. Su prioridad era la formula láctea para su bebe y sus alimentos. No se pueden imaginar lo doloroso que es tratar de explicarle a un hijo que no tenía su leche. Los pañales y artículos de limpieza secundaban esa prioridad. El proveerle alimento, protección y educación eran para él su mayor responsabilidad. Su pequeña criatura no tenía la culpa de lo que sucedía. Cecilia recordaba a su muchacho por allá lejos. Este fue alimentado, educado y protegido. También reflexionó que nos resultara el no poder garantizarle protección, educación y alimento a nuestros hijos, a futuro obviamente generará consecuencias. Ciertamente la población estaba comiendo, pero no alimentándose, poco podíamos hablar de la protección y mucho que desear de la educación. Al final concluyó y recordó una vieja frase, "el Gobierno se debe a su pueblo así como un buen padre a su familia".

Capitulo 15

Antes de ir a Silicón Valey Paulo visitaría New York. Aunque ya tenía tiempo viviendo y trabajando en Montreal no había podido ir a visitar la Estatua de la Libertad. De Montreal a New York en avión es un viaje corto, en auto son aproximadamente 6 a 8 horas según sean las paradas. Este quería irse por tierra, alquilar un auto, luego de su visita a la Estatua de la Libertad se tomaría la aventura de irse vía terrestre hasta el otro lado de la costa Oeste de Estados Unidos, San Francisco.

Ya hacía varios días que no sabía de Roberto. La última noche que hablaron fue referente a las extrañas notas de textos. En esa oportunidad paso toda la noche investigando los sitios que indicaban las coordenadas geográficas en el texto. Eran propiedades, empresas, locales comerciales, apartamentos y una que otra residencia. Había una coordenada que por su nomenclatura al verla indicaba que estaba hacia el Sur de Suramérica

- **C/34/37/21S- 58/55/2 W 10x(100kx10).**

La letra "S" indicaba "South" y la Letra W indicaba "West" . Sur y Oeste, al Sur del Ecuador y al Oeste de Greenwich, Esta coordenada lo Llevo identificar en la Argentina un Viejo Monasterio. Paulo se dijo así mismo:

- ¡Yo he Visto ese monasterio! , esa imagen la tengo reciente.

También concluyó que quien originaba las notas tenía como lengua principal o primer lenguaje el inglés, ya que caso contrario las coordenadas estuvieran en español, Norte, Sur, Este u Oeste. Solo restaba el significado del último grupo de números que aparentemente era una ecuación matemática y la primera letra "C"

Esa Mañana revisando por el internet itinerarios y reservaciones para su viaje, se topó con una página de noticias en la que entre una y otra hacía referencia a la continuidad del caso en Argentina acerca de los 10 Millones de dólares en efectivo y que lo asociaban a un Político por lavado de dinero. Al clicar la noticia lo primero que vio fue, El Monasterio. Su mente quedo en blanco, inclino su cuerpo hacia atrás paralelamente con sus manos sobre cabeza y chocando su cuerpo con el espaldar de la Silla.

- ¡Santo Dios! En que nos hemos metimos, exclamó Paulo

Tomo el teléfono rápidamente y llamo a Roberto, no lo saludó como de costumbre y solo le alcanzo a decir muy apresuradamente:

- Nos vemos en el Oratorio de San José, ya lo tengo
- Que tienes, ¿qué ?. expreso Roberto.
- Lleva tu laptop con los textos, ya creo saber que significan los Textos.
- Ok. Culminó Roberto.

Ya una hora después ambos coincidieron en el Oratorio de San José. Una Hermosa Basílica Ubicada en el lado Norte del Monte Real. De allí se divisa gran parte de la Ciudad. El origen del nombre de la Ciudad, "Montreal" es originado del Nombre de este monte en francés "Mont Royal", Monte Real, Montreal. Ambos se sentaron en una banca que se ubica al principio de un Camino que da un recorrido a las estaciones del Vía Crucis del Cristo ubicada por un costado del Oratorio.

Paulo dispuso de su Laptop y comenzó a explicarle todo lo que había descubierto.

Roberto quedo impresionado, tenían claro que esa nomenclatura en específico indicaba la ubicación del Monasterio, también le explicó que analizando la noticia del arresto del personaje, dedujo que la ecuación matemática que formaba parte de la nomenclatura indicaba que la "X" era una multiplicación y la "K" como siempre referencia mil. Es decir: 10 x (100.000 x 10) resultan 10.000.000,oo Millones. Paulo terminó acotando que la "C" al principio de la nomenclatura debía significar "Cash" efectivo, 10.000.000, oo Millones de Dólares en efectivo en la dirección.

- **C**/34/37/21 **S**- 58/55/2 **W 10x(100kx10).**

Ambos estaban preocupados muchas conjeturas pasaba por su mente, Dinero en efectivo, propiedades, autos, todo esto estaría relacionado con ¿Qué? , ¿Políticos Corruptos?, ¿Militares?, ¿Narcotráfico?, ¿terrorismo?, ¿Mercado Negro?, lo primero que pensaron y relacionaron fue el gobierno de Argentina obviamente por el caso de los 10.000.000, oo $. Había una interrogativa los casi treinta textos que poseían tenían coordenadas que abarcaban lugares del Centro, Suramérica y el Caribe. ¿Cuál sería el origen? Lo que si estaba definitivamente claro era que era algo ilegal quizás lo más factible. Lavado de dinero.

Capitulo 16

Rodrigo Salas venia retornado del exterior. Antes de despegar de su último destino, Freddy lo había llamado. A este le urgía reunirse con él por lo que dispuso a uno de sus escoltas que lo recogiera en el Aeropuerto.

Ya en las instalaciones del Aeropuerto Internacional Jacinto Lara en Barquisimeto, el escolta aguardaba por Rodrigo, lo llevaría directamente a la oficina de Freddy. Rodrigo como siempre apresto a la cacería de hermosas féminas, venía bajando del avión con una hermosa rubia que había conocido en el Aeropuerto de Maiquetía, esta hermosa dama venía a una reunión de negocios en Barquisimeto, trabajaba en el Área de Seguros. Rodrigo ya tenía en su bolsillo los datos suficientes para pautar un posterior encuentro.

- Buenas tardes Sr, Rodrigo, lo saludó el escolta
- Buenas tardes amigo, contestó Rodrigo,
- Inmediatamente también Rodrigo le dijo: antes de que me lleves a las oficinas, serias tan amable de desviarte a llevar a la señorita a su estancia., ¿Dónde me dijiste que te hospedarías?
- En El Jirajara, respondió la rubia.

El Hotel Jirajara, antiguamente era conocido como el Hotel Hilton, fue uno de los primeros hoteles de la cadena Hilton que cesó sus operaciones en Venezuela. Así como unas cuantas empresas transnacionales.

- Ok, con gusto te llevaremos. Expresó Rodrigo

Ya después de dejar a la hermosa dama, el escolta se dirigía a las oficinas de Freddy. Rodrigo estaba sentado en la parte posterior de la Camioneta, una Toyota 4Runner 2016 Blindada, este había colocado su maleta de mano sobre un manojo de periódicos, allí había prensa de todo tipo y tendencia, nacional y regional. Rodrigo tomó la primera que tuvo a la mano era prensa nacional, allí en primera página decía, "Otro Mas". Esto hacía referencia a la muerte de otro Funcionario Policial. Las estadísticas que se manejaban en referencia al número de muertes a diario eran altísimas y lo más preocupante es que ya era una costumbre. Caracas la Capital de Venezuela es considerada una de las ciudades más Violentas del Mundo, los Funcionarios, Policías y Militares no escapaban de estas estadísticas. Según la prensa este Funcionario había sido asesinado para Robarle su Moto y su arma de reglamento. Rodrigo leyó la nota completa observó la foto de la prensa, el funcionario yacía en el piso, en el borde superior derecho de la foto, aparecía la credencial del Funcionario. Rodrigo Observó la foto de la Credencial, respiró profundamente y coloco la prensa a un costado, había identificado el rostro del Funcionario, era la del mismo ejecutivo al que había seguido en la Isla.

Freddy estaba en su oficina cuando se abrió la puerta y logró divisar a Rodrigo, lo primero que le expresó fue:

- Que cara, parece que viste un fantasma.
- No , de ninguna manera, estoy agotado por el viaje, ya no estoy tan joven, exclamó Rodrigo
- Ciertamente, dijo Freddy
- Cuéntame, ¿para qué me necesitas? Pregunto Rodrigo

- Hay una reunión del partido, necesito 4 camionetas blindadas y personal, me asignaron a cinco miembros del buró entre uno de ellos, Levi Castillo, debo atenderlos, expuso Freddy
- ¡ Levi Castillo!, si viene Levi, las cosas no deben estar muy buenas por acá,
- Necesito que te encargues, casualmente salgo de viaje ese día, solo estaré un rato y salgo, ya sabes voy para que Alexander, ¿por cierto tu Iras?, pregunto al final Freddy

Rodrigo puso una cara de sorpresa, no se acordaba del compromiso.

- ¡Claro que voy!, ¡claro!, ¿te adelantaras unos días? Preguntó Rodrigo al final
- Si debo atender unos negocios en Europa, dijo Freddy
- Ok no te preocupes, yo me encargo, ¿necesitas algo más?, preguntó Rodrigo.
- No compadre, gracias no vemos en la Reunión, exclamo finalmente Freddy.

Capitulo 17

Un día antes de partir Roberto y Paulo venían saliendo de una convención de profesionales de la Informática que se había dado en la universidad de Montreal. Estaban en las afueras del edificio y ambos debatían nuevamente acerca de los textos. Ya para el día siguiente ambos partían de Viaje, Roberto hacia Europa y Paulo hacia los EEUU. Querían definir lo que harían con esa información, notificarlos personalmente, notificarlos anónimamente o simplemente olvidarlos. Ambos estaban planteándose todos los escenarios posibles y sus consecuencias. Paulo exponía que definitivamente este debía ser lavado de dinero por corrupción ya que era lo más evidente por al caso del monasterio. En eso Roberto coincidía con él. En lo que no estaba de acuerdo era en la idea que Paulo le había expuesto, este quería entregarle toda la información que tenían a un paisano que trabajaba en la ONU como agregado de su país. Este paisano era un conocido de la infancia de Paulo y casualmente entre los viajes que hacían de norte a sur y De sur a norte se habían visto. Para Paulo era él lo más cercano a cualquier organismo oficial que conocía, de hecho ya este lo había llamado para concretar una cita en New York cuando este fuese. Roberto no estaba de acuerdo que hubiese tomado esa iniciativa de comunicarse con lo que para él, era un extraño ya que concluyo que este amigo tenía tiempo trabajando en ese cargo y había formado parte de la administración anterior del Gobierno Argentino el cual estaba seriamente cuestionado por actos de corrupción. Por otro lado pensaba que algo tenían que hacer. Si evidentemente esta información tenía que ver con corrupción, este no se quedaría con esta, ya sabía lo que la corrupción le había hecho a su País. También le argumentó a

Paulo que estas nomenclaturas involucraban otros países del Caribe, Centro y Sur América. Roberto en lo particular tenía su concepto de cómo algunos gobernantes manejaba la relaciones diplomáticas de sus Países. Para este era una especie de Club amigos donde cada uno cuidaba de sus intereses. En lo personal no conocía ningún organización internacional contra la Corrupción y si la había, corría el riesgo de entregársela a manos no confiables, por un momento sonrió y pensó: "como se podría concebir un organismo internacional contra la corrupción en un área donde actualmente líderes y ex líderes de algunos países son y están siendo cuestionados por estar incursos en hechos de Corrupción en sus Administraciones", por otro lado no Podían dirigirse al gobierno de Canadá ambos eran Residentes allí, o a Estados Unidos. Ambos no se imaginaban tocando las puertas de la CIA, el Congreso o la Interpol diciéndoles, tenemos información acerca de unos presuntos casos de corrupción. Qué consecuencias les Originaría. Que podían pensar en ir a la OEA, UNASUR, Mercosur y los Países del Alba. Para la Gran Mayoría de algunos de estos países por un largo tiempo en Venezuela no pasaba nada. En un mundo tan Globalizado no leyeron las señales que este País daba. Mucho menos haría una investigación acerca de estos textos relacionados con corrupción, quizás durarían décadas en tal investigación o simplemente se olvidara.

Roberto finalmente y después de explicarle a Paulo los motivos por los cuales no estaba de acuerdo con su idea y que estaría más tranquilo al saber que definitivamente no le daría información a su conocido en la ONU. Este le planteo que para ambos era más seguro decirle a la Esposa de su compadre y amigo Alexander ya que esta trabajaba eventualmente en el Parlamento Europeo y quizás esta le recomendaría a quien dirigirse. Le pidió que confiara en él debido a que ella era alguien en quien si se podía confiar. Justo en ese momento su amigo Alexander lo estaba llamando:

- ¡Alo! , hizo una pausa, Mi hermano Alexander, ¿como estas? preguntó Roberto.
- Bien, Saludos Hermano, ¿dime cuando partes?, ¿cuándo y por donde llegas?, pregunto Alexander.
- Saldré mañana en la tarde, llego a Charles de Gaulle (Aeropuerto Internacional en Francia) en horas de la mañana del día siguiente, para mi será de madrugada, le explicó Roberto

El horario entre Canadá (Montreal) y Francia es de + 6 horas

- Cierto, ¿te vienes por tren o que harás ? Preguntó Alexander
- Si, del Aeropuerto tomo un taxi hasta Gare de Lyon (Estación de Tren en Paris)de allí hasta Mulhouse (Ciudad Al Oeste de Paris , cerca de Colmar) y finalmente tomaré un taxi hasta Colmar, le explicó Roberto
- Ah ok que bien, ¿quieres que te busque en Mulhouse?, pregunto Alexander
- No te preocupes, ¡Yo llego a tu Nueva Casa…jajaja…! terminando la Frase con agradable carcajada en señal de felicidad por el logro de su amigo, expreso Roberto
- Seguro Amigo ¡ nos vemos! Finalizó Alexander

Ya acabada la conversación con su amigo Alexander, Roberto se volvió hacia Paulo ya ambos casi llegaban a la Avenida que daba la salida de la Universidad de Montreal, le estrechó la mano y se dieron un fraternal abrazo de despedida.

- Nos vemos luego amigo, le dijo Roberto a Paulo
- Así será hermano. Dijo Paulo.
- Deja lo de los textos en mi mano, disfruta tu viaje, no comunicamos ok. Terminó diciendo Roberto.

Estos dos grandes amigos nunca se imaginarían que ese sería su último encuentro. Las consecuencias de las decisiones que ambos tomaron no permitirían que se volvieran a ver.

Capitulo 18

Cecilia y Jesús estaban ya haciendo preparativos para el viaje, partirían primeramente hacia Valencia, una ciudad ubicada a unos 200 Kilómetros de Barquisimeto, Capital de Estado Carabobo, lugar donde se libró una de las Batallas más Significativas en la Guerra de Independencia de Venezuela, La Batalla de Carabobo. De esa Ciudad partiría en el vuelo que los llevaría primeramente a Panamá y posteriormente a Bogotá. No habían logrado conseguir un Vuelo Directo de Barquisimeto, Maiquetía, Bogotá, las líneas Aéreas Colombianas estaban cesando operaciones en Venezuela. Ya habían concertado con un amigo que hacia transporte para que este los llevara directamente a la ciudad de Valencia. Preparaban sus maletas.

Según por recomendaciones de los Funcionarios de la Embajada Colombiana hacia Cecilia, estos estimaban que su estancia en Colombia sería de unos 20 días. Los exámenes de ADN a los que debían someterse Jesús y su hermana duraban algo de Tiempo. Jesús había entrado en un estado de Melancolía, este presentía que algo pasaba. Curiosamente Jesús nunca pudo usar su objetiva percepción para descifrar a Cecilia, quizás esa fuerza desconocida y mágica que da origen al amor lo limitaba. Cecilia tomo la opción de no decirle nada a Jesús acerca de la verdadera intención de su viaje, lo convenció que irían a Colombia para hacerse exámenes para así poder acceder a un tratamiento duradero para su estado depresivo. Cecilia tomo esa decisión ya que existía la posibilidad de que Jesús no fuese el hijo de Luis José Torresa, quería evitar peores consecuencia, definitivamente no quería que sufriera otra decepción, Aunque ella muy interiormente tenía la certeza que sí serían positivos los resultados ya que esta había estado en contacto con los familiares colombianos a través de las redes sociales y en una oportunidad le enviaron una foto de Luis José Torresa cuando joven, el parecido con su hijo Roberto era muy evidente. Jesús tampoco tenía conocimiento que su hermana estaría allá, a ambos les harían los exámenes por separado.

Ya era medianoche y Cecilia escucho el teléfono, era Roberto, esta había intentado comunicarse con su hijo hacia ya varios días, pero le fue imposible. Las comunicaciones hacia el exterior se estaban haciendo muy complicadas en Venezuela.

- ¡Alo! Respondió Cecilia
- Bendición mamá, ¿cómo está todo? preguntó Roberto
- Dios te bendiga hijo, todo bien, estoy haciendo preparativos, para el viaje, respondió Cecilia.
- Ah ok que bien, yo salgo mañana, dijo Roberto
- Cuídate mucho hijo y ten mucha precaución, me preocupan mucho, esos eventos terroristas en Europa son impredecibles, le pidió encarecidamente Cecilia.
- Ok Mamá, igualmente Cuídense. Todo saldrá bien por allá en Colombia, ojalá los resultados sirvan para aligerar la carga de mi padre, los amo y los extraño.
- Dios Te cuide Hijo.

Cecilia colgó el Teléfono, y una pequeña lágrima corrió por su mejilla, tenía tiempo que no veía a su Hijo.

Capitulo 19

Eran aproximadamente las doce del mediodía, cuando Paulo estaba Estacionando el auto que había alquilado para su largo Viaje que lo llevaría de costa a costa de los Estados Unidos, ya había recorrido ocho horas manejando desde Montreal hasta New Jersey, no quería entrar a Manhattan, New York, el tráfico era muy rudo en esa hora pico, luego de visitar la Estatua de la libertad tomaría ruta hacia el Oeste para dar continuidad a su Viaje.Mientras se estaban parqueando en las inmediaciones del Liberty State Park en New Jersey, contempló todo Manhattan, es una hermosa Vista de gran Parte de New York, sobresale el One World Trade Center, ubicado en la acera Noreste del anterior World Trade Center. New York y New Jersey, los Separaba El Rio Hudson. Paulo ya conocía Manhattan de viajes anteriores.

Paulo se bajó del vehículo y se dirigió a comprar el ticket, el tour consistía en tomar una embarcación que lo llevaría primero a Ellis Island, luego a la estatua de la libertad y después retornaría al Parque.

A unos cuantos metros posterior a la taquilla de los tickets logró divisar el Empty Sky Memorial, un Monumento en memoria a los ciudadanos de New Jersey que perdieron la Vida en el 9/11.

Este parque antiguamente era una estación de tren de donde partían los inmigrantes que lograban pasar la revisión en la Ellis Island.

Ya estaba subiendo por las escaleras que lo embarcaría cuando su teléfono sonó:

- ¡Alo!, respondió Paulo

Era su amigo, el agregado de la ONU, Paulo no había sido sincero con Roberto, en ningún momento le aseguró o confirmó que había cancelado la cita con su paisano de la ONU, más aun ya este le había comentado acerca de los textos.

- Saludos amigo, ¿Cómo Estás? Respondió el amigo de la ONU
- Bien, estoy embarcando hacia Ellis Island, dijo Paulo
- Ah, ok ¡qué bien! yo estoy embarcando desde Battery Park y me dirijo hacia la Estatua de la Libertad.

Battery Park está Ubicado en el lado Sur de New York, Lower Manhattan, de allí también parte un Tour que va de Forma inversa, Estatua de la Libertad, Ellis Island y Retorna a Battery Park.

- Ok, que bien, que tal si nos vemos en la estatua de la Libertad, expreso Paulo.
- Seguro allí te espero, Finalmente cortó.

Paulo desembarco en Ellis Island, comenzó hacer un Audio Tour , este Audio Tour consiste en tomar un dispositivo conectado a unos audífonos el cual está programado en varios idiomas y este va guiando por todas y cada una de las estaciones que recorrían los viajeros inmigrantes para su chequeo, Médico y legal. Este tour lleva de 30 a 40 Minutos, te explica de una manera detallada, todo el proceso que debían tomar estos inmigrantes desde el desembarco hasta su aprobación de entrada al País o repatriación. Ellis Island era la Entrada principal a los Estados Unidos y desde 1892 hasta 1954 ingresaron 12 millones de inmigrantes, los más frecuentes eran Europeos, muchos buscaban un mejor destino. Desempleo, Persecución Política y Religiosa, eran algunas de las causas principales que motivaron una de las inmigraciones más grandes conocidas por la humanidad.

Hasta ahora no hemos aprendido la lección no son los pueblos los que tienen que huir.

Posterior al recorrido que había hecho en Ellis Island, Paulo ya estaba llegando al pequeño puerto de desembarque que te lleva hasta la Estatua de la Libertad, espero su turno de desembarque, siguió al grupo de personas que al igual que el visitarían este emblemático lugar turístico, paso por un inmenso toldo que aproximadamente 20 metros y allí pudo divisar a su amigo.

- Saludos Paulo, ¿Cómo estuvo el Viaje? Le preguntó el amigo
- Bien, todo bien, dijo Paulo estrechándole la mano y dándole un abrazo.

Ambos siguieron caminado hacia la gran Estatua, iban conversando acerca de la última vez que cada uno había ido a la Argentina, pasaron por el chequeo de seguridad, Paulo cargaba un pequeño Koala, donde tenía, una cámara y un pendrive, en el pendrive llevaba toda la información referente a los textos, de cómo se habían tropezados con ellos y su teoría.

Ya habían subido hacia el pedestal de la Estatua, era el sitio hasta donde le permitía llegar el ticket que había comprado, para llegar hasta la Corona de la gran dama se debía comprar tickets con muchos meses de anticipación. Allí mismo en el pedestal comenzó el amigo a preguntarle acerca de los textos. Paulo de antemano cuando concertó la cita días atrás, le había explicado con lo que se habían conseguido y de la sospecha que ellos tenían que seguramente se trataba de lavado de dinero por corrupción. Había un texto que se relacionaba con información acerca de los 10 millones de dólares que habían conseguido en Argentina. Paulo prosiguió explicándole como se habían tropezado con esto. El paisano de la ONU sabía que Roberto tenía conocimiento de los textos y trató que Paulo se lo confirmara nuevamente, así como también tener conocimiento completo si otras personas sabían acerca de esta información. Paulo le reiteró que solo él y Roberto los sabían, pero que Roberto se dirigía hacia Europa y tenía la intención decirle a su amigo Alexander así como a su esposa. El amigo tomo el pendrive y lo guardo en su bolsillo.

Paulo ya se había tomado unas fotos y detallado cada parte de la gran dama así que ambos dispusieron a bajar de la misma. Paulo notó que su amigo se retrasaba, hablaba por Teléfono, al fondo se oía la bocina del ferry indicando que ya partirían, el amigo alcanzó a Paulo y le pidió encarecidamente que lo acompañara a New York , lo invitaba almorzar, ya eran las 2:30 de la tarde y Paulo no había almorzado, Paulo ajustó su horario pensó, después del almuerzo podría tomar un taxi bote hasta el lado de Jersey Nuevamente y continuar con su viaje, este accedió, se ahorraría un almuerzo y compartiría un rato más con su amigo.

Capitulo 20

El Show ya se había Montado en Arena parque ferial. Un complejo Ubicado al comienzo de la Avenida Libertador con Avenida los Leones diagonal al Monumento al Sol en Barquisimeto. Un monumento de aproximadamente 80 metros de diámetros, compuesto por 32 Paneles coloridos incrustados en la tierra dispuestos en ángulo que asemeja los rayos del sol, este en honor a los crepúsculos de la ciudad.

Música, la presentación de artistas nacionales seguidores del proceso revolucionario, comidas, mercados populares y un sin fin de actividades que eran la representación viva de nuestra herencia romana de: "Pan y Circo".

Los menos afortunados quizás conseguirán una bolsa de comida con algunos productos de la dieta diaria a precios solidarios, aires acondicionados, laptops y hasta teléfonos se podían conseguir. Algunos con más suerte y según fuese su conexión y compromiso con el proceso se haría merecedor de optar por un proyecto habitacional o un vehículo 0 Kms. Ya algunos líderes del Partido habían dado su discurso, otros se disponían hacerlo, detrás del espectáculo se había dispuesto de un gran toldo con aire Acondicionado, mesas y refrigerios, solo a ese sector podían llegar los más poderosos. Era allí donde estaba llegando Freddy Sierralta, llegaba tarde, estaba dejando todo listo para irse de viaje, le había girado instrucciones a Luz Marina que junto con uno de sus escoltas, lo esperara en el Aeropuerto Internacional Jacinto Lara, ya había dispuesto de un Mini Jet que los llevaría Directamente al Aeropuerto Internacional Simón Bolívar para Tomar Rumbo hacia Europa.

Como de costumbre a su llegada, este iba acercándose a líderes Políticos, Artistas, Deportistas y empresarios que estaban con el proceso revolucionario (los Grandes Enchufados), estrechones de manos, abrazos, palmadas en los hombros y espaldas acompañados de sus celebres frases de Camaradería en señal de éxito y profunda convicción política, estos saludos se iban repitiendo uno a uno. En el ambiente se respiraba un agradable olor y no precisamente por los negocios que se hacían, este era el resultado de la mezcla de las fragancias más exclusivas de diseñadores y artistas que estos personajes acostumbraban a usar, no menos exclusivas serian las prendas y accesorios que presumían, un verdadero contraste de todo lo que había fuera del área que los reunían. Personas haciéndose de un lugar privilegiado para poder tener acceso a estos llamados líderes, prestos con papelitos y carpetas en mano en el cual había escrito cualquier cantidad de necesidades o solicitud. Allí al fondo del toldo rodeado de un sequito de guardaespaldas estaba Levi Castillo hablando por su Smartphone de Última generación, siguió con la vista a Freddy y dispuso a uno de sus pretorianos buscarlo y decirle que tenía que hablar con él.

Freddy seguía caminando hasta casi el final del Toldo. Antes de tomar una silla volvió la mirada, no lograba divisar a Rodrigo Salas, Freddy tomo el Teléfono para llamarlo e inmediatamente sonaba la contestadora, tenía el teléfono apagado. Freddy más que preocupado se extraño muchísimo, Rodrigo debería estar acá, de repente sintió un leve toque en la espalda, era el pretoriano de Levi:

- Disculpe Sr. Freddy , El Sr. Levi Castillo desea Reunirse con usted, le expuso el Guardia
- Ok. Con gusto dígale que estaré aquí esperándole, le respondió Freddy.

A pesar del inmenso poder y la Fama de Levi Castillo, Freddy no le temía, este era un Zorro viejo de la Inteligencia también con mucho poder y dinero.

Allí sentado brevemente comenzó a recordar cómo había llegado hasta acá. Freddy fue uno de los agentes que le había hecho saber al Gobierno del entonces Carlos Andrés Pérez, sobre algunos personajes Cabeza Caliente que andaban por los cuarteles alentando y preparando un presunto Golpe de Estado. El presidente para aquel entonces hizo caso omiso de esta advertencia, posterior a la destitución de Carlos Andrés Pérez este siguió trabajando para el gobierno.

Ya en el Gobierno revolucionario de la quinta república, se acuerda muy bien del momento en que un funcionario se le acerco pidiéndole que se encargara de la compra de un lote de armas para el gobierno, para ello debía convertirse en un empresario, fabricar una fachada para tal operación , todos sabían que Freddy era un hombre con muy buenos contactos en el extranjero, desde allí en adelante se convirtió en un empresario que suministraba una gran variedad de insumos y servicios para el gobierno lo cual lo hizo muy rico. Sus empresas no licitaban, solo llegaban a sus manos ya prácticamente las órdenes de compra y autorización divisas, los trámites anteriores, el papeleo administrativo , permisos y solvencias, ya estaban hechas para así dar cumplimiento a los procesos de ley.

A no más de Siete metros Freddy logro divisar que Levi Castillo se dirigía hacia él, este tomo de su bolsillo derecho un estuche negro de cuero bien elaborado, lo dispuso en la mesa y lo abrió, de allí saco un hermoso bolígrafo de marca reconocida enchapado en oro, lo probó, le dio dos clic al botón superior y lo introdujo en la caja nuevamente colocándolo a un lado de una botella con agua que tenía a su mano derecha, este se reclinó hacia atrás esperando la llegada de Levi Castillo.

- Saludos Freddy como estas, expresó Levi
- Bien Levi , bien, respondió Freddy
- Déjennos solos, le pidió Levi al sequito de guardias.
- Voy a ser claro y directo contigo Freddy, que hay de tu protegido Jesús Pérez, he sabido de fuentes directas que su hijo Roberto y un amigo Argentino andan metiendo las narices donde no deben, ya le gire instrucciones a Rodrigo que se encargue de su hijo y un equipo se encargara de Jesús, ¡Estamos!, Concluyó diciendo Levi, dando un pequeño golpe con el dedo índice a la mesa.
- ¿Pero de que estás hablando? , exclamo Freddy

Ya casi parándose de la mesa, con un tono medio burlón, Levi Castillo se dirigió a Freddy

- Que descuidado te has vuelto Freddy, quizás con más frecuencia deberías chequear tu galleta de la fortuna a ver que te dice, Levi Terminó la frase y se retiró.

Freddy se paró de su silla, quería sortear la salida del evento sin dar ninguna explicación así que tomó su teléfono simulando una llamada en caso de encontrarse algún camarada, solo alzó su mirada ya en la puerta de salida del toldo, divisó a su escolta, este le dirigió la señal que ya se marchaban se montó en su camioneta y se fueron a toda marcha.

Capitulo 21

La información, el conocimiento de la información siempre ha sido desde el principio de nuestros tiempos, un elemento fundamental para el desarrollo de la evolución como seres humanos y de nuestras sociedades. Uno de los más grandes inventos de la historia fue la imprenta, por medio de ella fue y es posible la divulgación de la información, que hubiera pensado Gutenberg uno de los personajes a quien se le atribuye tal invento si en sus manos hubiese tenido un Smartphone. Imagínense lo que nos falta por inventar y descubrir. El gran número de herramientas y oportunidades que se tienen actualmente para lograr y transmitir información es asombrosamente increíble. "Aquellos que dominen la información serán dueños del mundo y los que manejen los unos y los ceros tendrán la ventajas", esto hace referencia a que el dominio de la informática da una ventaja a la hora de acceder a datos cuyos análisis llevan a conjeturas que revelen información.

Los países así como las personas tienen y manejan información, muchas veces secreta, en el caso de los países manejan información a través de sus líderes gubernamentales y altos funcionarios, información económica como emisión bonos del Estado, futuras alianzas comerciales con otros países, proyectos de minería, políticas cambiarias, etc... En el caso de Venezuela las estrategias en Materia Petrolera es información valiosa. Esta información pudiese influenciar no solo su desarrollo económico, Político y Social, si no que pudiese influenciar a otros Países, es acá donde entran las agencias de inteligencia, cuya principal función es hacerse de información que les permita resguardar su seguridad y sus intereses económicos. Teléfonos, redes, terminales y computadores intervenidos así como Hackeo de correos, son unas de las cuantas actividades cuestionables que ejecutan los servicios de inteligencias de algunos países, tanto en el Interior de sus Países como el exterior. Son también algunos eventos, procesos, situaciones y actividades que suceden en ciertos países cuyas consecuencias generan cambios Geopolíticos. Actividades como: lavado de activos, terrorismo, narcotráfico, mercado negro, compra y venta de divisas y un sinfín de actividades ilícitas más que existen y que poseen un común denominador de origen, "Corrupción", son también de interés para los países.

Obviamente aquellos personajes incursos en actividades ilícitas, buscan y ejecutan fórmulas y mecanismo que le permitan primeramente evitar cualquier relación que los comprometa con tales actividades así como tener el control de las mismas.

Un par de Meses atrás, Paulo estaba en la residencia de Roberto, ambos estaban dándose tiempo para terminar de depurar unos errores de programación de un sistema que estaba desarrollando para una empresa, esta ya era prácticamente su último trabajo, a veces los errores de programación son sencillos, pero el cansancio generado por la revisión de la sintaxis y la continuidad lógica no te permiten verlo, lo más recomendable es descansar, darse un tiempo y revisar otra vez. Ambos habían decidido revisarlo al día siguiente en la oficina, así que se tomaron un tiempo.

Roberto chequeaba sus redes sociales en su computadora al igual que Paulo en su Laptop, ambos también se habían topado con la Galleta de Fortuna, un   Software invasivo que llegaba a los dispositivos. A este software no lo habían definido todavía como un Malware ya que no generaba daño alguno, la única molestia era la manera invasiva en que llegaba ya que este era compartido en el círculo de amistades de las redes Sociales, este software al ser ignorado desaparecía, solo era multiplicado en redes sociales cuya lengua principal era el español, cuando entraba en un dispositivo con otro idioma , desaparecía, a Roberto y a Paulo les llamó la atención que un Software tan elaborado no tuviera intención alguna, podían decirse hasta que era simpático, sus consejos eran muy acertados y más aun , el hecho que ya dos personas habían logrado ganar a la lotería con el pronóstico de sus números, eso motivo su curiosidad por lo que comenzaron a analizarlo , el análisis duró varios días, y después de ciertos ensayos ambos concluyeron que para acertar los comentarios de la fortuna, el cual era muy acertado, el algoritmo de este software debía formular un análisis de cada una de las palabras y frases expresadas en las redes sociales del individuo que lo accesaba , este debería clasificarlas y ponderarlas, posteriormente asignarle un valor promedio y ese resultado sería comparado con una tabla de valores preestablecidas y determinar el estado de ánimo es decir algo más o menos así:

Palabras y expresiones como: me gusta, no me gusta, me parece bien, no quiero, me siento feliz, triste, alegre, estoy de acuerdo, no estoy de acuerdo, yo opino, yo creo... Toda una seria de expresiones que comúnmente se dicen en la redes, estas se pueden clasificar,   ponderar y promediar y si se tiene una tabla preestablecida, donde el valor de (1) es melancólico - muy triste y 10 es eufóricamente feliz. Se puede casi determinar el estado de animo de una persona al valorar sus comentarios, obviamente al conocer el estado de ánimo, se puede generar frases de ayuda, aliento o motivación que puedan ser acertadas y que te haga sentir bien, este era el gancho principal de este software.

Referente a el Número de la Fortuna (Ejemplo: "04 98 34 63 10 28"), Al tratar de investigar cómo se generaban los seis pares de números de la fortuna, estos inmediatamente lo relacionaron con el número Alfanumérico de identificación física de la MAC (Ejemplo: A2:34:52:09:F4:87) un bloque de seis pares de dígitos hexadecimales de un hardware de la red (Una tarjeta inalámbrica o una tarjeta Ethernet) parte fundamental y que permite la comunicación en la internet en línea o inalámbrica en cada computadora o dispositivo, es un acrónimo en inglés (Media Access Control) esta identificación es único para cada componente de cada dispositivo en el mundo.

Roberto y Paulo pudieron descifrar que el algoritmo debía primeramente identificar en cada dispositivo su respectivo Número de la MAC, posteriormente debería reemplazar las letras por números y aleatoriamente generar el número de Suerte, pero que pasaba cuando visitaba otra vez el mismo dispositivo, no generaría nuevamente el mismo número de la fortuna, este debería generar otro número. Estos querían identificar ese patrón y ambos acordaron enmascarar o cambiar el numero el numero de la MAC para que cada vez que el huésped los visitaba en sus maquinas poder estudiar como actuaba el patrón de cambio del algoritmo.

Es inimaginable, la cantidad de identificaciones de seis pares de números alfanuméricos que se pueden generar al combinar seis letras A,B,C,D,E,F y los números 0,1,2,3,4,5,6,7,8,9, esta combinación da origen a este número asignado por el fabricante del hardware, pero por circunstancias de la vida, en uno de sus ensayos colocaron un número de MAC aleatorio :"D1-E2-A3-04-12-35", el software lo identificó hizo su rutina de costumbre , salvo una operación adicional, había dejado un archivo de texto en un archivo oculto. Roberto tenían configurado en su máquina, por seguridad, un software que indicaba que archivos se Borraban , copiaban y que se guardaban, así que se dieron cuenta de la aparición de un texto. Su interés por el software invasivo pasó a segundo plano y fueron los textos los que llamaron su atención, estos a lo largo de un mes lograron interceptar más de 30 textos con el mismo numero de MAC "D1-E2-A3-04-12-35"

Al tratar de identificar la nomenclatura de los textos, Roberto y Paulo no estaban tan alejados de su significado, pero solo habían descubierto la punta del Iceberg , la intención real de la galleta de la fortuna era la de navegar por toda la red y multiplicarse, guardar una ruta segura a su destino de manera tal que así podría llevar información al identificar el numero de MAC especifico de su destino, llevar información frente a las narices de todos , información y ordenes a cierto grupo de personas involucradas en una entramada red de Lavado de Dinero por hechos de Corrupción en ciertos países de América y el Caribe, era la manera de saber los bienes que poseían , como dirigir el pago de comisiones y sobornos por medio de vender (**S**ell) , comprar (**B**uy) y/ u Obsequiar (**G**ift), ubicar su Efectivo (**C**ash).

"**G**/1/WDBXXXXX4F – 8/32/16 N – 80/46/55 W"

"C/14/14/6 N – 51/55/31 W (100KX20)"
"**B**/18/34/55 N- 68/24/19 W"
"**S**/12/51/55 N- 85/12/26 W"

Tener y administrar bienes, casas, carros, joyas, dinero en efectivo, transferencias, identificar los testaferros, las cuentas y las empresas, controlar la tradición de compra /venta de inmuebles, todo lo manejaban a través de los textos ya que no comprometían absolutamente a nadie, nadie sabía quien daba las órdenes ni quien las recibía

Capitulo 22

Cecilia y Jesús venían en su Dodge Dart por la avenida Lara en Barquisimeto, muy cerca de la Panadería de Joao por el este de la ciudad, recién terminaban de buscar unos dólares que Roberto le había enviado con un amigo que recién llegaba de Canadá, eran para el viaje. El control de cambio de divisas en el País y el deterioro económico habían hecho del Bolívar fuerte, no tan fuerte. Ya Cecilia tenía una experiencia muy dolorosa, en uno de los viaje que pudo hacer para visitar a su hijo en Canadá por el año 2009, no tenían tarjeta de crédito un requisito indispensable para acceder a los Dólares Preferenciales, se llevo un fajo de Billetes de sus ahorros para tratar de cambiarlos y comprar suvenir para sus amistades, al llegar a la taquilla de cambio de Divisas en el Aeropuerto en Montreal, fue atendido por una simpática Peruana (por el acento) y esta tristemente le dijo, los siento señora no podemos cambiar su divisa , la moneda de su país es muy inestable, dudo mucho que acá pueda conseguir, es por eso que Roberto le había enviado unos dólares.

Jesús venia mirando continuamente por el espejo retrovisor derecho del vehículo y de repente le dijo a Cecilia:

- Nos están siguiendo
- Por Dios Jesús vas a comenzar de nuevo, ¿hasta cuándo?, es tu imaginación, replico Cecilia con un tono de voz alterado.

Jesús continuaba viendo por el retrovisor, cuando sonó el teléfono de Cecilia, esta mujer es muy correcta y no quiso contestar, estaba manejando, solo alcanzo a mirar la pantalla del celular decía: "Freddy Sierralta", con muy poca frecuencia Freddy llamaba y esta le sorprendió, busco orillarse a la derecha en un descanso ubicado en la Avenida Lara con Leones.

- ¡Alo!, contestó. Cecilia
- No me preguntes nada y solo haz lo que te digo, ¿dónde estás? Terminó preguntado Freddy
- Estoy parqueada, por la Avenida Lara. Contestó Cecilia
- ¿Jesús está Contigo? Preguntó Freddy
- Si porqué, ¿qué pasa Freddy?, ¡me asustas!
- ¿Te vienen siguiendo? Pregunto Freddy
- Por Dios Freddy, tú y Jesús me van a matar, que pasa, recién Jesús me dijo que nos seguían, exclamo Cecilia, ya con voz de desesperación
- Si nos vienen siguiendo, el vehículo cruzó a la derecha y ese sujeto que esta allá sentado (Jesús señalando), se bajo del carro y creyendo disimular nos observa. Le dijo Jesús a Cecilia, estaba atento a la conversación.

Cuando Cecilia se parqueó, el vehículo que los seguía, cruzo hacia la derecha, uno de sus ocupantes bajo y disimuladamente se sentó a orillas de una fuente ubicada a 30 mts de distancia de ellos, el vehículo circundaba la Cuadra, todo para esperar a ver a hacia donde se dirigían. Cecilia Boquiabierta y llena de incredulidad se llevo el teléfono nuevamente al oído.

- ¿ Que pasa Freddy por favor...? suplicó Cecilia
- Luego te explico, estos sujetos continuaran siguiéndote, ve al centro comercial de la Avenida Venezuela en sentido Este casi llegando a la Av. Bracamonte,   dirígete a las oficinas

administrativas y preguntas por el Comisario Rojas, espérame allí, préstale atención a Jesús, él sabrá qué hacer

- Ok, colgó.

Con una expresión de asombro e incredulidad, se volteo hacia Jesús y le dijo.

- Freddy me dijo que tu sabrías que hacer y le explico el plan.

Mientras se incorporaba a la vía, Cecilia iba pensando, cuestionaba y recordaba, sería cierto lo que decía Jesús, alguna vez fue agente de inteligencia, ella nunca le había preguntado a Jesús como había conocido a Freddy, temía que por su Paranoia Jesús sintiera celos.   En algunos momentos de crisis, se le salían comentarios de espionaje y misiones que Cecilia relacionaba con su locura.

Como había Calculado Jesús, inmediatamente después que se incorporaron a la vía, el sujeto sentado tomó el teléfono para indicarle a su compañero que lo recogiera y continuaran siguiéndolos.

Jesús guiaba a Cecilia, entraron al estacionamiento subterráneo del Centro comercial, parquearon el vehículo en el extremo norte , caminaron por el estacionamiento hacia el otro extremo hasta llegar al acceso sur que da directamente a los pasillos que dirigen a las oficinas administrativas, los vigías entraron de también, uno de los vigías bajo del vehículo y los observaba, mientras el otro trataba de estacionarse, Jesús y Cecilia se entremezclaban con un grupo de personas, subieron la escaleras Eléctricas e inmediatamente tomaron un angosto pasillo entre dos locales comerciales, que dan paso a los baños y posterior a la Oficina administrativas, el vigía que iba a pie quiso seguirlos a distancia,pero al subir por las mismas escaleras y llegar al pasillo del centro comercial ya los había perdido, a los vigias no les quedo otro remedio que vigilar el viejo Dodge y esperar su retorno.

Cecilia y Jesús llegaron a una pequeña recepción que antecede la entrada de las oficinas administrativas:

- Buenas tardes, por favor el Comisario Rojas, se dirigió Cecilia a una Recepcionista
- ¿Quién lo busca? Preguntó la recepcionista
- Dígale que somos amigos de Freddy Sierralta,
- Un momento por favor,

Tomó el teléfono los anunció y un breve momento salió un hombre de baja estatura pero robusto, se identificó como el Comisario Rojas, Jefe de Seguridad del Centro Comercial, este les indico que lo siguieran, al entrar a unos pocos metros, abrió a su derecha otra puerta, los invito a pasar y allí se encontraron con Freddy Sierralta,

A Freddy se le encendieron las alarmas en el mismo momento en que Levi le nombro la Galleta de la Fortuna, Freddy era uno de los cuantos empresarios que recibían estos textos, estaba hasta el cuello en esos negocios. Una gran parte los productos, bienes y servicios que eran importados pasaban por algunas de estas empresas de esta organización criminal, sobrefacturados y con dólares preferenciales, ya cuando llegaba a puerto habían sido facturados hasta cuatro veces, tenían el control absolutamente de todo, de las asignaciones de compra, de la recepción y distribución de todo, tenían empresas registradas en varios países del Caribe, Centro y Sur América, manejaban cuentas en Bancos y tenían mucho efectivo, lavaban el dinero a través de compra de bienes inmuebles, carros, joyas, que se iban pasando de las empresas a personas a otras empresas de maletín, habían formado una red paralela de inteligencia donde agentes infiltrados se hacían pasar por empresarios, un sin fin de operaciones, hasta que finalmente los bienes estuvieran limpios , muchos de estos bienes terminaban a nombre de testaferros cercanos a personeros del Gobierno, Dirigentes, Miembros y Representantes de algunos de los poderes públicos de algunos Países.

El solo hecho que Levi delegó funciones a Rodrigo alarmaron más aun a Freddy, Rodrigo también Formaba parte de la Organización, era la mano dura, el que limpiaba los trapos sucios, contactaba y reclutaba los agentes para la doble agencia de Inteligencia. Freddy no permitiría que le sucediera algo ni a su familia ni a la familia de Jesús.

Capitulo 23

Roberto Estaba saliendo de su casa rumbo al Aeropuerto Internacional de Montreal Pierre Elliot Trudeau. Tomó un taxi estaba preocupado por su amigo Paulo en varias oportunidades intento llamarlo y su teléfono estaba apagado y/o Fuera de cobertura. Calculaba que ya iba en camino hacia la Costa Oeste de los Estado Unidos. Ya su visita a la Estatua de la Libertad habría finalizado. Por un breve momento llego a pensar en la posibilidad de que Paulo se hubiese encontrado con su amigo de la ONU, pero casi de manera involuntaria se dijo así mismo, "Mi amigo nunca me mentiría, seguramente tiene el celular descargado es demasiado despistado". Ya estaba llegando a la terminal solo llevaba consigo, una maleta de viaje con capacidad suficiente para llevar ropa por quince días, tiempo que estimada durar en Francia. También llevaba una maleta de mano con artículos de higiene personal, una Tablet, una cámara, un disco duro de 2 Terabytes donde deseaba guardar allí fotos del viaje. Deseaba conocer la Catedral de Estrasburgo y el Museo del Automóvil en Mulhouse. También llevaba un pendrive donde tenía la información de los textos, un resumen de cómo lograron conseguirlos, así como la teoría de su significado.

Ya había logrado hacer el Chequeo de abordo en la Terminal. Todo era manejado electrónicamente por el Smartphone, reservación, compra y confirmación de boletos. Estaba en el Área de espera para su vuelo aproximadamente en una hora y media partiría. Tomó su Tablet y se conectó a la Red WIFI de Aeropuerto. Allí comenzó a navegar buscando información acerca de la situación de su país, siempre trataba de estar al tanto de la situación. Más allá de la información acerca de Venezuela se topo con información sobre el crecimiento económico de algunos países de América. Fruto ciertamente de las buenas Políticas Económicas, motivación a la Empresa Privada, apoyo a la inversión extranjera, desarrollo de proyectos de infraestructura, minería y exportación de bienes y servicio. Otros que aunque no igual que Venezuela sus economías no eran tan saludables y que curiosamente las administraciones anteriores y actuales eran cuestionadas por corrupción. Comenzó a tratar de dilucidar la interrogante que generaba el hecho de que en la Organización de Estados Americanos, OEA. De los 35 Países que la integran no había un consenso o criterio unificado acerca de la Situación de Venezuela. Es acaso que no todos Vivimos en una América Entera. Porque unos Países mantiene una posición firme y critica sobre la situación. Otros solo volteaban la mirada, algunos alaban la gestión. La verdadera situación es una sola, una sola Realidad, una sola Venezuela y la realidad es que no está bien.

En este mundo Globalizado una situación como esta es imposible de ocultar. Voltear la mirada o el desentendido ante esta situación, es como cuando el vecino que le reclama al otro cuando tiene música a todo volumen en su casa, pero cuando sabe que maltrata a su Mujer y sus hijos se queda callado. Es el derecho de cada Gobierno asumir la posición que quiera. ¿Pero será la misma posición del Pueblo? Venezuela fue un País con una muy buena proyección al desarrollo, vecinos y europeos vieron en esta una oportunidad para asentarse y la adoptaron como Patria.

En la misma Empresa Multicultural en la que Roberto trabajaba muchos le preguntaban, que habían pasado en Venezuela, un

País con una inmensa reserva petrolera y estaban sumidos en tanta miseria. Roberto solo Callaba y sentía tristeza, Corrupción y Populismo eran las palabras que le llegaban a la Mente.

Uno de los principales Funciones de la OEA es Promover los derechos Humanos. El derecho a la vida es el principal derecho humano. El Derecho a la vida en Venezuela se ha convertido en una especie de lotería uno no sabe cuando le va a tocar el ticket de perderla. El derecho a la alimentación, El derecho a la salud, el derecho a la libertad. Ciertamente en los últimos tiempos la balanza de opinión y posiciones sobre la situación en Venezuela ha sido más objetiva. Pero bajo que lente o criterio los representantes de algunos Países apoyan y/o alaban la gestión de gobierno Venezolano, que fundamentan esa posición. Solo a una conjetura pudo llegar.

En la compra y venta de bienes y servicios, en los negocios así como en el comercio internacional, para que sea un buen negocio para ambas partes, tanto el bien o el servicio que se ofrece, el pago, intercambio y/o remuneración a cambio debe ser equitativo y justo para el que lo recibe. Caso contrario cuando una de las partes es favorecida se convierte en una estafa, es un hecho ilícito. Un país socialmente estable con una fuerte economía puede darse el lujo de ayudar a sus vecinos, pero en Venezuela no era el caso ni es el caso, es como decimos por acá "Sol y brillo en la calle, oscuridad y sombra en la casa". El Petróleo es tan valioso como los dólares en efectivo. No es un secreto para nadie que algunos gobiernos Países del Caribe, Centro y Sur América se han beneficiaron de esos intercambios. No solo se beneficiaron aún mantienen relaciones comerciales con Venezuela, deudas y compromiso. Quizás sea esta la situación que genera el criterio que fundamente su posición. Roberto deseaba que los Gobiernos de estos Países entendieran que cada gota de petróleo y de dólar que fue y es percibido de una manera injusta, desleal y oportunista, significa para cada venezolano hoy en día un pan menos en su mesa, un libro de educación sin ser abierto, un tratamiento médico no aplicado, un ticket de lotería hacia muerte por la inseguridad, un futuro incierto.

Roberto finalmente concluyó que definitivamente los problemas de los venezolanos serian resueltos por los venezolanos. Pero también entendía que quizás la posición objetiva de todos los países pertenecientes a esta organización ayudaría a solventar la situación ya que es parte de sus funciones, el consolidar la democracia, promover los derechos humanos, impulsar y desarrollar lo económico y Social de los pueblos para consolidar las Américas.

La OEA y las organizaciones internacionales que agrupan a los Países se deben a los Pueblos, no a los Gobiernos.

Capitulo 24

Ya en las Oficinas administrativas del Centro Comercial, Cecilia le insistía a Freddy que le explicara lo que pasaba, Freddy le indicó que más tarde le explicaría, que ahora no era el momento, le pidió que confiara en él, de inmediato le preguntó por su hijo Roberto, Cecilia se alarmo más:

- ¿Qué tiene que ver Roberto en todo esto? Le pregunto Cecilia
- Por favor, confía en mí , ahora no es el momento, haciendo una leve seña hacia el comisario Rojas, le respondió Freddy

El comisario Rojas estaba allí, Freddy no podía darle explicación en ese momento.

- Ok, que quieres saber de Roberto, debe estar ahora en espera para abordar vuelo hacia Europa, dijo Cecilia.
- ¿Tienes su número de Teléfono a la mano? Pregunto Freddy
- No, lo tengo anotado en una agenda cerca del Teléfono en casa, mi pequeño Teléfono no es de esos que ustedes usan, replico Cecilia.
- ¿Tus maletas y pasaportes están en tu casa me imagino? Pregunto Freddy
- Si. ¿por qué? , Dijo Cecilia.
- ¿Donde específicamente? Pregunto finalmente Freddy

Cecilia le había explicadoa Freddy la ubicación exacta de las Maletas en su casa, estaban en la habitación principal junto con un porta pasaportes y los boletos, También le indicó que cerca del teléfono fijo había una pequeña agenda donde estaría el número de teléfono de Roberto.

Freddy tomó su teléfono para hacer una llamada:

- Como están los amigos. Dijo Freddy por el teléfono

Escuchó atentamente y afirmando con su cabeza.

- Ok, y colgó.

Muy hábilmente   Freddy también había despistado a unos vigías que inmediatamente le venían siguiendo desde que había salido de la reunión del Partido, estos pensaban que Freddy todavía estaba en la camioneta, sus escoltas le respondieron que los amigos (los Vigías) aun los seguían, estos iban ya tomando una ruta extraurbana que los llevaría directamente a los llanos de Venezuela.

Freddy tomo nuevamente el Teléfono:

- Soy Yo, Freddy Sierralta, tu sabes donde es la residencia de Jesús Pérez,

Freddy se dio un tiempo escuchando la respuesta del otro interlocutor, era uno de sus escoltas de confianza

- Ok, necesito que te dirijas a su casa, busques la manera de entrar por la parte posterior, de seguro habrán unos amigos vigilando por la parte del frente, así que entras, te diriges a la habitación y ubicas dos maletas de viaje, un porta pasaportes que esta encima de las maletas, una pequeña agenda que está cerca del teléfono fijo, tomas todo eso y no vemos en el aeropuerto, ok, lleva ayuda de confianza, finalmente colgó

Nos vamos dijo Freddy, le dio un estrechón de manos al comisario Rojas, le agradeció efusivamente, Freddy era un hombre que tenia influencias y conocidos en toda Venezuela, como último favor le pidió que le procuraba un taxi por la parte posterior del estacionamiento ubicado al mismo nivel superior del centro comercial, este los llevaría directo al Aeropuerto.

Los Vigías que estaban siguiendo inicialmente a Cecilia y a Jesus, estarían vigilando el viejo Dodge 75 de Cecilia hasta que cerraran el Centro comercial.

Una Rato después, en un Hangar del Aeropuerto Internacional Jacinto Lara de Barquisimeto muy cerca del mini jet, angustiada ya de tanta espera estaba Luz Marina, se decía a si misma:

- Freddy ya debería estar acá

Estos podrían perder el vuelo hacia Europa. De repente casi sincronizadamente , Llegaba un taxi y detrás de este una Camioneta Fortuner negra 2013, a la distancia Luz marina pudo Observar que dos Hombres se Bajaron de la Camioneta con Maletas. Del taxi bajaron Cecilia y Jesús, puso cara de asombro. Un Oficial Militar se le acerco a Freddy lo saludó le dio un fuerte abrazo de camaradería, charlaron un poco y el grupo completo comenzó a dirigirse al Jet
.

- Que sorpresa, ¿vienen con nosotros a Europa ? exclamo Luz Marina a Cecilia y a Jesús

- No, luego te explico, respondió Freddy.
- ¡Capitán! se dirigió Freddy al Piloto del Mini Jet con un leve movimiento de la Cabeza, dándole a entender que partieran.

Ya los escoltas habían guardado todas las maletas.

- Dame el número de Roberto, le pidió Freddy a Cecilia, este le entregaba la Agenda que los escoltas le habían traído.

Cecilia chequeó las páginas de la agenda, salteando hojas por lotes y llegando directamente al número, lo dictó, Freddy paralelamente iba marcando en su Smartphone activando el manos libre, casualmente en ese instante a 4000 kilómetros de distancia Roberto estaba apagando su Smartphone, ya se disponían para el despegue de un viaje que duraría más de ocho horas.

El sonido que se escuchaba en el Teléfono de Freddy que indicaba que el teléfono de Roberto estaba apagado o fuera de cobertura era opacado por el ruido de las turbinas de aquel Mini Jet que alzaba su vuelo rumbo a Maiquetía.

Capitulo 25

Levi Castillo estaba sumamente enfurecido, los vigías a quienes les había indicado seguir a Freddy y a la Familia Pérez, le notificaban que los habían perdido. Comenzó a llamar a todos sus aliados, para tratar de localizarlos. Ni por un instante se le ocurriría llamar a los cuerpos de inteligencia, estos eran aliados de Freddy Sierralta.

Eran tiempos difíciles los que se vivían en el seno del Partido que regentaba el poder. El muy ajustado triunfo de la penúltima elección, las presidenciales que los habían ratificado en el poder. Pero el gran margen con el que habían perdido la última elección, allí la oposición obtuvo curules suficientes para obtener mayoría en uno de los principales poderes, La Asamblea Nacional. Ese triunfo fue una efímera alegría, el ganar a pulso ese poder abría una opción para la solución de los problemas Económicos, Políticos y Sociales que los agobiaban. Pero la Asamblea Nacional estaba siendo golpeada, ignorada y casi desechada del escenario político por los otros poderes comprometidos con el régimen. El Resultado de esas dos últimas elecciones no le permitía al gobierno darse el lujo de contarse nuevamente.

El único escenario posible, democrático y participativo que le daba derecho al pueblo, que era el que estaba sufriendo las calamidades para poder salir y encontrar una nueva alternativa de mejorar su situación. Era un Referéndum Revocatorio. La unión de Partidos Políticos de oposición lo había solicitado y estaba en proceso. Pero los mismos poderes que ignoraban y boicoteaban el trabajo de la Asamblea Nacional, buscaban la manera de retrasar el proceso por medio de artilugios y argumentos legales a conveniencia. El juego estaba trancado. El gobierno, los dirigentes del partido, representantes y asesores de los Poderes Públicos adeptos al Gobierno así como invitados internacionales, mantenían en vilo al pueblo en cuanto a la decisión de la continuidad y fecha final del Referéndum Revocatorio o algún otro mecanismo de solución de orden electoral. Era como si en un gran salón estuviese una gran mesa servida, sus comensales se servían y discutían, debajo de la mesa estaba la mascota hambrienta, solo escuchaba murmullos, choques de copas y vasos, unos se paraban de la mesa otros se sentaban, de vez en cuando caía una migaja de la mesa y en ciertas oportunidades algún comensal bajaba su mano para darle algo, quizás temeroso por la desesperación del animal, una angustiosa situación, la solución es simple, servirle, darle lo que quiere, nadie absolutamente nadie querrá que ese animal se suba sobre mesa.

La posible fecha de activación del Referéndum Revocatorio o solución o alguna opción electoral. Generaba una angustia en el Gobierno y el partido. Ya no había un solo líder que decidiera. Existían ciertos grupos detrás del poder con diferentes posiciones. Según la fecha del referéndum plantaba dos escenarios ante dos resultados. El peor escenario para el Gobierno sería si el Referéndum se lograba en el año en curso 2016, si lo perdían irían a elecciones presidenciales no con muy buenas proyecciones, Temían perder el poder. Si el referéndum se realizaba el año siguiente 2017 y lo perdían, aun así Podrían mantener el poder. La proximidad de unas elecciones Regionales aderezaba la situación ya que ambos casos no querían desaparecer como partido político.

Levi Castillo y Freddy Sierralta. Pertenecían a grupos de diferentes tendencias en el partido y su poder se basaba según los aliados que tuviesen.

Ya había llegado a oídos de Levi que Freddy se dirigía a la Capital junto a La Familia Pérez. A Levi lo habían agarrado con la guardia baja, estaba en Barquisimeto, su arma era su Smartphone llamaba como loco para poder averiguar hacia donde se dirigía Freddy y los Pérez. Obviamente entendía que la primera intención era que ambos se marcharían del País y este debía detenerlos.

Capitulo 26

El piloto del Mini Jet les indicaba a todos los pasajeros que se alistaran para el aterrizaje, Estaban llegando al Aeropuerto Internacional de Maiquetía. Freddy en el trayecto ya le había contado a Cecilia y a Jesús entre líneas más o menos lo que estaba sucediendo, Obviamente sin tantos detalles. Este solo les había hecho entender que Roberto y Paulo, habían descubierto una información muy delicada y que a muchos personajes por estas latitudes no les agradaría que salieran a la luz pública. También les hizo entender que él los protegería. Cecilia estaba muy confundida, no alcanzaba a comprender todo, solo le pidió encarecidamente que cuidara a Roberto. Jesús quien se mantuvo todo el viaje escuchando y observando a Freddy, solo le hizo a Freddy dos preguntas:

- ¿Rodrigo está metido en todo esto?
- Si, respondió Freddy.
- ¿y de qué lado está?

Freddy solo suspiro y bajo la Mirada. Para Jesús ya era obvio que si Rodrigo no estaba con Freddy estaba en contra.

- ¡Mi muchacho!, alcanzó a decir Jesús, mantuvo la calma y guardó silencio, No quería angustiar más a Cecilia.

Antes de aterrizar las autoridades Aeroportuarias le indicaban al piloto que al aterrizar se dirigiera a un hangar específico para un chequeo. Ya Freddy tenía prevista la situación y había hecho un par de llamadas.

Acababan de aterrizar estaban en el hangar junto al Mini Jet. A no más de 20 metros un grupo de militares se dirigían hacia ellos, Freddy le indicaba al Piloto que alistara el Jet cargara combustible y solicitara permiso de Vuelo hacia Panamá. Este llevaría a Cecilia y a Jesús directamente hacia su primer destino.

Freddy extendió su mano hacia Cecilia, esta también lo hizo, la abrazo y le dijo:

- Tranquila yo cuidaré a tu hijo.

Luz Marina hizo lo mismo, se despidió, estaba totalmente perpleja de la situación,

Luego Freddy se volvió hacia Jesús, le estrecho también la mano y lo Abrazó. En la mano muy discretamente le hacía entrega de una tarjeta con números de teléfono y nombre, uno en Panamá y otro en Colombia.

- Si acaso tienes problemas. Dijo Freddy a Jesús.

Ya la Comisión de Militares estaba Cerca. Era un Oficial y cuatro militares de rango medio

- ¿Cómo estás Freddy?, ¿Qué está sucediendo? Preguntó el Oficial

Levi Castillo había llamado directamente al oficial y le había pedido que detuviera a todos los integrantes de ese vuelo, sin más explicación, solo que los detuviera, este no le daría los detalles ni argumentos de los motivos.

- Saludos. dijo Freddy al oficial y le estrecho la mano.
- No sé, las Paranoias de Levi, replico Freddy.

Levi era considerado como uno de los lideres más radicales del partido, algunos no le gustaban sus ideas y la manera de manejar la Política. Eso no le ganaba adeptos a su favor. Sumado a eso se estaba poniendo un poco paranoico.

- Ustedes no son Militares , ni Funcionarios de Alto rango, expresó el oficial

Hacia ya un año que el Gobierno habían girado instrucciones que todo aquel funcionario de alto rango y cualquier militar que quería salir del país, debía previamente solicitar permiso. Esto para prever cualquier fuga de información o negociación de algún alto funcionario o militar que quiera desertar del proceso como lo han hecho otros.

- En lo absoluto, Respondió Freddy, paralelamente marcando un número de teléfono.
- Tome, le dio Freddy el teléfono al Oficial,
- Es el Ministro.

El Oficial, solo Respondía:

- ¡Si mi General!, ¡Si mi General!

El oficial colgó el teléfono y se lo devolvió a Freddy. En ese mismo instante Levi Castillo llamaba al oficial a su teléfono móvil, el oficial vio el nombre: "Levi Castillo" y apagó su teléfono.

El Ministro le indico al oficial que no le prestara atención a Levi y que colaborara con El Sr. Freddy y sus amigos.

Ya despúes de una hora, Freddy se dirigía abordar su vuelo hacia Europa y observaba a través del vidrio de la terminal como despegaba el Jet en el que su viejo amigo partía.

Capitulo 27

Ya había amanecido en Paris cuando el vuelo de Roberto estaba aterrizando. Su cuerpo le indicaba que para el serían la una o dos de la mañana en Montreal. No concilio sueño durante el vuelo, alcanzó a ver dos películas en su Tablet que anteriormente había comprado. La diferencia de horario le estaba afectando, se sentía agotado.

Solo llevaba en su hombro izquierdo su maleta de mano cuando esperaba en la correa por su equipaje. Ansiaba lavarse la cara, cepillarse los dientes y tomarse un rico café, en el avión no pudo ir al baño antes de aterrizar, todos los pasajeros habían pensado lo mismo. No tendría tiempo suficiente para asearse en el aeropuerto, ya estaba sobre la hora para tomar el tren a Mulhouse.

Al Rato ya con su equipaje. Roberto dispuso tomar un taxi en la afueras del Aeropuerto hasta Gare De Lyon de allí Tomaría su Tren.

Se había quedado dormido en el trayecto desde el Aeropuerto hasta la estación del tren, el chofer del taxi lo despertó cuando le Dijo:

- Llegamos Señor.

Este tuvo que pagarle al taxista con tarjeta de crédito, solo cargaba algunos dólares canadienses en el bolsillo. Se bajo del taxi y se dirigió a la puerta principal de Gare De Lyon, allí giro a su mano izquierda donde había un largo pasillo que al final lo conduciría a los baños. Por ese ancho pasillo a un costado derecho se podían divisar tiendas de suvenir, perfumerías, cafeterías y una que otra tienda. En una de esa tiendas había un gran televisor alzado en la pared estaba sintonizado en un canal de noticias. Roberto llevaba en su mano derecha su maleta Carrier de cuatro ruedas guiándola por su mango, a la izquierda en su hombro terciaba su maletín de mano. Este venia con sus ojos entreabiertos girando su cabeza de lado a lado escuchando como tronaba su cuello, casi que lo disfrutaba.   De repente involuntariamente volteo su mirada a la pantalla del televisor. En la parte inferior de la misma decía en francés, "Argentino muerto en Nueva York". No supo cómo, ni en qué momento había llegado al frente del televisor tan rápido, pero ya estaba parado allí. Pidió al encargado de la tienda que le diera volumen. Allí el ancla del noticiero matutino decía que Las autoridades policiales de la Ciudad de Nueva York habían encontrado muerto a un joven, las investigaciones habían comenzado al final de la tarde del día de ayer ya que inicialmente se había encontrado abandonado un vehículo en el área de estacionamiento del Liberty State Park en New Jersey, en horas de la noche habían encontrado un cuerpo en las inmediaciones del Central Park. Este cuerpo lo relacionaron directamente con el vehículo, Las fotos de los documentos hallados en el vehículo coincidían con la de la víctima, Su Nombre Paulo Castel de Nacionalidad Argentina. Roberto por un instante quedo inmóvil, por su mente no pasaba absolutamente nada solo sentía como el bombeo de la sangre que subía a su rostro, hasta podía escucharlo. Inmediatamente reaccionó, buscó su bolso de mano y saco su celular, lo encendió, mientras encendía el móvil aceleró su paso para llegar al baño y entró, del baño salían dos personas que casi chocaron con él, detrás de él entraba otra persona. Roberto se dirigió hasta al final del baño soltó su maleta

Carrier y colocó su bolso de mano sobre esta. Activo el WIFI de su Smartphone para poder conectarse a la Red de la terminal, su primera intención era poder estar conectado y lograr comunicarse con su amigo, en su mente no había lugar para aceptar la muerte de su amigo, así mismo se decía, seguro había un error de identificación o simplemente, esto no me puede estar pasando a mí, esto no es cierto. Estaba de espaldas sobre la pared del baño cuando logro conectarse, inmediatamente al tener conexión su teléfono comenzó a sonar en señal de recepción de varios mensajes de texto. Allí estaban Varios mensajes de un teléfono que no conocía, estos decían:

"Hijo soy Freddy, por favor llámame"

"hijo llámame"

"llámame inmediatamente"

"Ten cuidado con Rodrigo, por favor no te le acerques"

Antes de que Freddy partiera de Venezuela hacia Europa este le había escrito a Roberto.

Inmediatamente después que Roberto leyera el último mensaje. El hombre que había entrado después de él y que se había asegurado de cerrar la puerta del baño se le acercó y se volteó hacia él. Aunque este tenía una gran boina que chocaba con unos grandes lentes de sol y una bufanda que tapaba gran parte de su barbilla, Roberto lo reconoció.

- Tío, Rodrigo, eso fue lo que alcanzo a decir Roberto.

Rodrigo sin mediar palabras hundió en la humanidad de Roberto una filosa daga de unos 25 centímetros de Largo, fue directamente en el estomago, esto lo repitió tres veces mientras paralelamente con su mano izquierda tapaba su boca e impulsaba su cabeza a golpear contra la pared para lograr aturdirlo. Roberto antes de caer quiso impulsar su cuerpo hacia delante y tomar por los hombros a Rodrigo pero su esfuerzo fue en vano, Rodrigo lo esquivó y lo dejó caer de rodillas al piso, Rodrigo lo remató con dos puñaladas en la espalda que seguramente dañarían algún pulmón o riñón. Roberto solo se desvaneció y cayó. Rodrigo abrió la puerta del baño para personas discapacitadas una gran puerta con un gran espacio, arrastró el cuerpo de Roberto hacia adentro, le reviso todos los bolsillos y lo dejó, viró hacia la maleta tomó el bolso de mano, lo revisó, divisó los dispositivos electrónicos, tomo la maleta y el Bolso y desapareció.

Roberto yacía inmóvil, había muerto, nunca entendió porque Rodrigo lo mató, nunca averiguó si su amigo en verdad murió y nunca supo porque una cosa como esta ocurrió.

Capitulo 28

Eran ya muy tarde en la noche y Rodrigo se había dirigido a la casa de la más famosa y exclusiva madame en Paris. No era la primera vez que iba y es por ello que estaba allí. Ya era noticia en toda Francia el hallazgo de un cuerpo en la estación de trenes en Gare de Lyon. La manera tan brutal del asesinato les indicaba que no estaba relacionado a simple robo de maletas. Seguramente los sistemas de seguridad instalados les habían dado indicios a los investigadores de las características del personaje que habría cometido el crimen. Rodrigo sabía que las estaciones de metro, tren, aeropuertos y salidas de la ciudad estarían más supervisadas que de costumbre. Es por ello que tomó la opción de quedarse en Paris y ocultarse en ese sub mundo que todos saben que existe y de que muy poco hablan. Rodrigo también sabía que Freddy debería estar en Europa, Levi se había comunicado con el pidiéndole eliminar a Freddy y a su Familia.

Los seres humanos somos animales de costumbre. Nuestros gustos y preferencias siempre nos llevan hacer actividades rutinarias y predecibles. Freddy ya estaba en Paris. Sabía de la muerte de Roberto y Paulo. Estaba registrando una habitación de hotel ubicada a unas cuantas cuadras de la exclusiva casa de la Famosa Madame, era la habitación de Rodrigo, no encontró absolutamente nada.

Rodrigo estaba sentado disfrutando de la compañía de una hermosa dama. Con su mano izquierda acariciaba la mejilla de la dama y con su mano derecha llevaba a su boca un vaso donde podía disfrutar de un exquisito escoses. Luego de dejar su vaso en la mesa, llevo su mano al bolsillo derecho de su pantalón acariciaba el pendrive de Roberto donde estaban los textos, este ya había registrado y desechó todo el equipaje de Roberto.

Después de un par de horas y de haber disfrutado completamente la compañía de la hermosa dama, Rodrigo decidió retirarse, se despidió de la dama y salió de la habitación, después de recorrer un pasillo donde había de lado a lado habitaciones llegó a un extremo de un gran salón, lo atravesó de extremo a extremo, allí se podían distinguir a pesar de estar a media luz, pequeñas mesas con sillas, en ella se entremezclaban siluetas de hombres y mujeres acariciándose y disfrutando exquisitos tragos, Roberto llego al final del salón casi a la salida, allí era despedido por la misma Madame, Rodrigo le dio un fajo de billetes por el pago de sus servicios y dispuso salir del inmueble.

Rodrigo comenzó a caminar por las oscuras calles hacia su hotel, estaba a unas cuantas cuadras. Cuando iba más o menos a quince metros de distancia de la salida de la casa de la Madame, este casi escuchó cuando la puerta se cerró, un hombre también había salido detrás de él. Continúo caminando y este sentía como esos pasos cada vez eran más cercanos. Roberto metió su mano derecha en el bolsillo de su gabardina, podía sentir la daga con la que había asesinado a Roberto, este sabia que el hombre que lo seguía era Freddy.

Efectivamente el hombre que seguía a Rodrigo era Freddy, ya estaba a no menos de cinco pasos atrás de Rodrigo, Freddy de igual forma llevó su mano derecha al bolsillo de su gabardina, Freddy pudo sentir la caja de cuero bien elaborado que contenía el bolígrafo enchapado en oro y junto a él una pequeña pistola de colección Brasileña Marca Llama calibre 6.35. Freddy la tenía guardada en una caja de seguridad de un banco el cual había visitado casi al final de la tarde.

Ya cuando los pasos estaban más cerca, Rodrigo detuvo su marcha y se volteo dirigiéndose a Freddy dijo:

- Te estaba esperando
- Porque fuiste tan miserable de matar a Roberto, dijo Freddy
- Tú me conoces, Levi paga muy bien y mis gustos son caros. Expresó Rodrigo.
- Solo con haberle quitado la información y amedrentarlo tenías, tú conocías a ese muchacho desde niño por Dios y la manera como lo hiciste. Le reclamo Freddy.
- ¡Información esto! Mostrándole el pendrive.
- Y que, ¿ahora iras por mi hijo y toda mi familia? Pregunto Freddy
- Tú me conoces, expreso Rodrigo

Rodrigo con su mano izquierda alzada le mostraba el pendrive a Freddy e iba poco a poco acercándosele. Con su mano derecha apretaba la empuñadura de su daga. Freddy saco su 6.35 apuntando a Rodrigo directo a su corazón.

- No te acerque mas , Dijo Freddy

A lo que en ese instante Rodrigo soltó el pendrive y lo pisó, fuertemente con su pie derecho e impulsando su cuerpo hacia delante doblando su torso quedando su hombro izquierdo hacia atrás, ese movimiento distrajo a Freddy que instintivamente disparó alcanzando a Rodrigo en el Bisep de su brazo izquierdo. El mismo impulso que traía el cuerpo de Rodrigo con su brazo derecho extendido donde empuñaba su daga, logró asestar en el costado izquierdo de Freddy, Freddy sintió como la punta de la daga entraba en su costado, Freddy trato con su brazo izquierdo apartar la daga y paralelamente chocando la frente de su cabeza contra el rostro de Rodrigo, Rodrigo recogió su brazo derecho al sentir como su tabique nasal se fracturaba por el cabezazo de Freddy, fue en ese descuido cuando Freddy dando dos pasos hacia atrás descargó su arma sobre la humanidad de su viejo amigo Rodrigo, Freddy tropezó y también cayó golpeando su cabeza con el brocal de la acera, se desmayó, la daga había llegado a perforar el pulmón izquierdo.

Epílogo

Ya habían transcurrido un parte semanas después de aquel evento, Freddy estaba en una de las habitaciones de uno de los principales Hospitalesde Paris. Rodrigo Salas había muerto. Freddy abrió sus ojos y pudo observar a un costado derecho de la cama a su mujer y su hijo Alexander. Ambos saltaron a la cama para ver la primera impresión de Freddy.

- ¿Cómo te sientes Papá? Alcanzó a preguntar Alexander.
  Freddy asintió con la Cabeza y expresó
- Bien Hijo, Bien.

En ese mismo instante la puerta se abrió. Estaba entrando un viejo conocido de Freddy. Un antiguo agente de inteligencia que ahora fungía como director de la misma.

- Tienes mucho que contarnos Freddy, que se supone que había en el pendrive que encontramos en el piso cuando te hallamos junto al cuerpo de Rodrigo.

  ¡Uumm...! Freddy solo Gimió.

- Logramos reconstruirlo y recuperarlo pero al revisarlo no tenia absolutamente nada. ¿Tiene que algo que ver con lo que sucedió allí? Pregunto el Director

Por instrucciones de Levi, Rodrigo había borrado toda la información.

Freddy dirigió la mirada hacia Alexander, a pesar de toda esa vida de lujos, excentricidades, relaciones y poder. Freddy sentía pena y vergüenza al ver las penurias que pasaba el pueblo para obtener alimentos. Una gran parte de los venezolanos no tenían que comer, Cuando no era por la escasez era porque no les alcanzaba el dinero, todas las carencias de un pueblo, salud, educación, seguridad eran generadas mayormente por la corrupción que había en el sistema y del cual el formaba parte. Ya desde un tiempo atrás había decidido buscar la manera de salirse y denunciar todo eso, pero ese temor a perderlo todo y ser detenido frenaba su acción, muy en el fondo él sabía que lo merecía.

Ahora las circunstancias de la vida le estaba presentando esa oportunidad de salir definitivamente de ese mundo, lamentablemente fue de esa manera, le dolía mucho la muerte de Roberto y Paulo. Ahora tenía la oportunidad de volver mirar a su hijo directamente a los ojos y ganarse su respeto.

- Creo saber la información que contenía ese dispositivo, exclamó Freddy.

Freddy no tenía información sobre cómo se manejaban los negocios de corrupción en el País. Solo Tenía información de bienes, propiedades, dinero, joyas y vehículos que solo él manejaba. También era cierto que él solo era una pequeña parte de ese complejo sistema. No tenía pruebas directas que relacionaran a funcionarios, dirigentes políticos, empresarios o militares.

Seguramente las autoridades que se encargarían de una investigación de esa magnitud, Pasarían años, quizás décadas descubriendo a donde había ido a parar todo el dinero que había sido defalcado de las arcas públicas de Venezuela durante tantos años. Una vez más se pondrían a prueba las mismas relaciones diplomáticas de los Países, Esas que a duras penas y con cierto compromiso están y quieren ayudar a la Solución de los Problema de Venezuela. Pero su falta de consenso originado por un conflicto de interés, sea casi nula. Que decir de la colaboración que se pueda prestar en un futuro, cuando se descubra que mucho de ese dinero originado por la corrupción está en   gran parte y quizás ya esté incluido en los sistemas económicos y financieros de alguno de esos países como consecuencia del lavado de dinero.

Freddy entonces no tenia absolutamente nada. Quizás solo el pagaría por todo esos actos de corrupción. Pero si tenía algo que demostrar.
-   ¿Donde están mis pertenencias? Pregunto Freddy
-   ¿Cómo papá? Pregunto Alexander
-   Si mis pertenencias cuando me trajeron acá.

Luz Marina fue al closet de la Habitación, allí estaba, su pasaporte, billetera, algunos euros y la caja de cuero con su bolígrafo enchapado en oro.
-   Dame esa caja por favor, mi amor, Dirigiéndose Freddy a Luz Marina.

Luz marina le alcanzo a Freddy la caja. Freddy se dirigió hacia el Director de inteligencia, le indico que se acercara. Freddy saco el bolígrafo, y desarmo la Caja, allí había un dispositivo electrónico.

Freddy tomó el hermoso bolígrafo enchapado en oro, lo giro levemente y le dio un clic.

Allí estaba grabada la muy corta conversación de Levi Castillo con Freddy en la Reunión del Partido, allí lo relacionaba directamente con el encargo hacia Rodrigo. También tenía grabada la conversación de Rodrigo asumiendo la responsabilidad de la muerte de Roberto por encargo de Levi.

Seguramente con esta prueba directa hacia Levi Castillo, El largo brazo de la Justicia internacional todavía seria corto para llegar hasta él. Pero los vientos de cambios políticos que soplan por Venezuela indican que más pronto que tarde pagara por sus delitos, mientras tanto permanecerá preso en los 1.076.945 km Cuadrados de territorio que tiene Venezuela.

El director de Inteligencia le dijo a Freddy.

- Ciertamente tienes mucho que contarnos Freddy, cuando te mejores vendré por ti.
- Lo sé amigo. Dijo Freddy.

Finalmente el director le dijo a Freddy.

- Quizás estés en una celda continua a la del Chacal.

A más de ocho mil kilómetros de distancia, en Bogotá, Colombia. Jesús estaba abstraído de su realidad. Estaba en una agradable clínica psiquiátrica. Era un hermoso día en un gran Jardín de la Clínica. Recién desayunaba, se encontraba sentado y a su lado estaba una silla vacía y sobre la mesa una Laptop, eran de Cecilia, recién se había parado, buscaba una correspondencia.

En muy pocos minutos, Cecilia se acercaba a Jesús con un sobre en la mano. Traía los resultados de la prueba de ADN. Después de haberse enterado de la muerte de su hijo, Cecilia para poder calmar a Jesús le confesó la verdadera intención de su viaje a Colombia. En el rostro de Cecilia se notaba aun su dolor por la pérdida de su hijo, se acercó a Jesús y le dio un abrazo sollozando, muy cerca de su oído le dijo:

- Si eres el hijo de Luis José Torresa

Una lágrima recorrió la mejilla de Jesús. Ambos se fundieron en un caluroso abrazo, Jesús mirófijamente a Cecilia y le dijo:

- Acabaron con nuestros sueños y nuestro Futuro, nunca recuperaremos a nuestro hijo, debemos estar juntos y ser fuertes. Todo saldrá bien.
- Cierto mi Jesús, ¿y Cómo sabes eso?, pregunto Cecilia
- Así lo analizo, lo siento en mi pecho y lo acabo de leer en tu galleta de la fortuna.